I. »Was gibt's denn da zu staunen?«

Eine Rückkehr zur Lust am Erkennen

Staunen ist ein Gefühl, das sich spontan einstellt. Das Gefühl des Staunens wird aber nicht bei jedem von demselben Gegenstand und nicht bei allen bei derselben Gelegenheit ausgelöst. Staunen ist Ansichtssache. Wir sind in unserem Staunen und Nichtstaunen nicht nur von Stimmungen und Affekten, sondern auch von Deutungsmustern bestimmt, die uns unterschiedlich staunen lassen. Auf die Deutungsmuster wird man meistens erst dann aufmerksam, wenn man mit seinem eigenen Staunen oder Nichtstaunen auf Unverständnis oder auf Missbilligung bei anderen stößt – »Was gibt's denn da zu staunen?«

Es gibt eine Menge zu staunen, wenn uns die Welt oder einfach alles nicht gerade als Grau in Grau gemalt vorkommt. Wenn, zum Beispiel, die S-Bahn auf der Strecke vom Hamburger Hauptbahnhof zum Bahnhof Dammtor über die Lombardsbrücke zwischen Außen- und Binnenalster fährt, wenn die Alster zugefroren ist, wenn der Rathausturm, der Michel, die Petrikirche, die Häuser und die Bäume von leichtem Nebel, den rötlichen Strahlen der Morgensonne und von dickem Raureif überzogen sind und wenn der Blick zufällig draußen hängen bleibt, dann kann man ins Staunen kommen, geradezu ins Schwärmen. Ich selber allerdings kam nicht ins Staunen, sondern döste noch etwas müde vor mich hin, als ich neben mir eine Frau in einem Ton des Staunens sagen hörte: »Da sieht man richtig den Frost!« Ihr Begleiter meinte nur: »Wieso Frost? Ich sehe nur, dass die Alster zugefroren ist!«

War die Frau vielleicht »als Frau« für romantische Eindrücke besonders empfänglich? Hat sie überhaupt gestaunt, oder habe ich es nur so empfunden? Hatte dagegen der Mann »als

Mann« nur Sinn für das unmittelbar Praktische und Greifbare? Vielleicht war er bloß ein Philosophiedozent, der auf Diogenes' Kritik an der platonischen Ideenlehre anspielen wollte: »Tisch und Becher, Platon, sehe ich, Tischheit und Becherheit aber ganz und gar nicht.« Viel wahrscheinlicher ist, dass er als gläubiger Anhänger einer wissenschaftlich-technischen Weltdeutung nur über Wunder der Technik, und nicht über Wunder der Natur staunen konnte. Die Schere der Wissenschaftsgläubigkeit hat ihn von einer Erfahrung abgeschnitten, die für die Frau neben ihm noch selbstverständlich war.

Wir leben, so Max Weber in seiner berühmten Rede »Wissenschaft als Beruf« (1917), in einer »entzauberten Welt«, in der »prinzipiell keine geheimnisvollen, unberechenbaren Mächte« mehr gelten, sondern »alle Dinge – im Prinzip – durch Berechnen« beherrschbar sind.[1] In einer von Wissenschaft und Technik geprägten Welt der Moderne scheint bis in die letzten Winkel hinein kein Platz mehr für Dinge und Ereignisse übrig zu bleiben, über die wir staunen können, einfach so und ohne Gedanken an eine wissenschaftliche Erklärung und einen praktischen Nutzen. Die Schere der Wissenschaftsgläubigkeit schneidet ein bestimmtes Staunen von vornherein als bloß rückständige, naive Erfahrung und Vorstellung ab. Wir meinen, alles erklären, planen und machen zu können, auch machen zu dürfen, und sind höchstens von unserer eigenen Leistungsfähigkeit und unseren Produkten fasziniert, den Wundern der Technik. Was sich unserem Zugriff entzieht, interessiert uns nicht oder nehmen wir schleunigst als unser nächstes Projekt in Angriff.

In einer »entzauberten Welt« bleiben für das Staunen höchstens vereinzelte Momente übrig, in denen Verliebte, Dichter, fromme Seelen, einfache Gemüter oder Romantiker vom Staunen ergriffen werden – vom Staunen über die zugefrorene Alster, den Sonnenaufgang und Sonnenuntergang, den Sternenhimmel, eine blühende Blume, den Ausblick von einem Berg, über ein neugeborenes Kind, überwältigende Gefühle oder Werke der Kunst. Und vielleicht kommt man in verträumten Momenten des Staunens auch ins Nachdenken, was es mit der Welt auf sich hat und wer wir selber sind. Beides aber, Staunen und philosophisches Nachdenken, scheint nicht so recht in diese Welt zu passen. Höchstens lassen sich noch einige Restposten des Staunens ausfindig machen, die sich als Traumschiff des Vergessens gewinnbringend auf dem Werbe- und Kunstmarkt zu Geld machen lassen. Das Staunen wird als Nostalgie und Kitsch vom »wirklichen« Leben abgespalten und für die Sonn- und Feiertage verbucht, an denen man mit seinen Kindern oder wie ein Kind über alles Mögliche staunen darf. Gelegentlich kann man sich eben auch sentimentale Gefühle des Staunens leisten, weil man sie vielleicht zur Erholung oder zur Gefühlsentladung braucht. Neugieriges Staunen wird außerdem im Alltag und in der Wissenschaft als durchaus nützlich geduldet, insofern dabei verwertbare Kenntnisse herausspringen könnten. Experten für Unerklärliches, wie Künstler, Theologen oder Philosophen, sind ebenfalls gefragt, als Lohndiener für die Sinnfrage in besinnlichen Stunden. Wirklich staunen aber über Wunderbares und Unerklärliches, so scheint es, tun heute nur noch die Dummen und die Kinder, die keinen Durchblick haben. Die anderen lassen staunen und machen sich das Staunen anderer zunutze.

Die Leute darüber aufzuklären, dass es für den aufgeklärten Menschen, der auf der Höhe seiner Zeit lebt, nichts zu staunen gibt, war vor gut hundert Jahren das erklärte Programm des professionellen Biologen und amateurhaften Philosophen Ernst Haeckel (1834–1919). Vor allem seine beiden Bücher *Die Welträtsel* (1899) und *Die Lebenswunder* (1904) erzielten nicht nur eine ungewöhnlich starke Ausbreitung und Resonanz, sondern können bis heute als Programmschriften für die »entzauberte Welt« gelten, und ihre Kernaussage findet auch weiterhin vor allem als gelebte Praxis eine weit verbreitete Zustimmung. Durch seine populären Schriften und durch den »Monistenbund« wollte Haeckel die Überzeugung verbreiten, dass sich die alten Fragen der Philosophie und

Religion, etwa die Fragen nach Anfang und Ende der Welt, der Schönheit der Natur, der Entstehung des Lebens, dem Sinn des Daseins oder dem Erkennen der Wirklichkeit, durch die neue szientifische oder neopositivistische Denkweise restlos beantworten lassen, vor allem durch die darwinistische Evolutionstheorie. Man kann jedoch weder naturwissenschaftlich begründen, dass nur eine naturwissenschaftliche Denkweise vernünftig ist, noch lassen sich die alten Welt- und Lebensrätsel restlos lösen.

So sieht beispielsweise der Philosoph Geert Keil in der neueren szientifischen Erkenntnisphilosophie von Willard Van Orman Quine (1908–2000) keinesfalls eine Lösung, sondern gerade umgekehrt eine Verstärkung des alten philosophischen Rätsels des Erkennens: »Die klärungsbedürftige Beziehung ist die ›zwischen dem mageren Input und dem überwältigenden Output‹, und die gewollt szientifische Beschreibung des Inputs erfüllt nicht zuletzt die Funktion, das philosophische Staunen darüber wachzuhalten, daß so etwas überhaupt funktionieren kann und täglich tausendfach geschieht: Photonen, Teilchen mit verschwindend geringer Masse, prallen auf jemandes Netzhaut auf, werden dort von den Zapfen und Stäbchen absorbiert, und Sekundenbruchteile später sagt die Person: ›Das war ein Abseitstor‹ oder ›Sieh mal, ein Kaninchen!‹ Eine zweite Person, auf deren Netzhaut ganz andere Photonen geprallt sind, sagt vielleicht: ›Du hast recht.‹«[2]

In der Tat, die alte Frage aus Platons Dialog *Theaitetos*, was Erkennen oder Wissen heißt, ob es aus Eindrücken von Sinnesdaten entsteht, etwa aus Demokrits Atomen, oder ob es aus der Einsicht in ewige Strukturen, den platonischen Ideen, mit Hilfe der Seele besteht oder ob es eine Verbindung von beidem ist, sinnlicher und ideeller Erkenntnis, wird durch die neue szientifische Version Quines nur zugespitzt, keinesfalls aber beantwortet. Und selbst wer sich für erkenntnistheoretische Fragen nicht weiter interessiert, stößt bei dem Versuch, bei der Herstellung »künstlicher Intelligenz« Erkennen oder Wissen auf »Inputs« oder »Daten« zurückzuführen, auf bisher unlösbare praktische Probleme und muss sich weiterhin mit dem alten Rätsel des Erkennens herumschlagen.

Eine weitere Schere im Kopf ist die Abstumpfung durch Gewöhnung, vor allem durch die sattsam bekannte Reizüberflutung der modernen Medienwelt. In seinen *Geschichten aus Bollerup* erzählt Siegfried Lenz von der »ältesten Einwohnerin im Ort« Dinge, die normalerweise für jeden erstaunlich, zumindest ungewöhnlich sind: »Zugegeben, Nachbarn, es gibt Leute, die haben mehr auf dem Buckel als zweiundneunzig Jahre; ob es aber irgendwo eine Frau gibt, die noch mit zweiundneunzig ihren Garten umgräbt, Reusen stellt, Kaninchen schlachtet, Holz hackt und, wenn es sein muß, das eigene Dach ausbessert – mir erscheint das zweifelhaft. Jedenfalls habe ich etwas Ähnliches weder aus dem Kaukasus gehört noch aus einem abgeschiedenen Seitental der Anden.« Lenz erzählt weiter, wie eines Tages ein Reporter aus der Stadt im Dorf auftaucht, »um das Wunder der Biologie in Wort und Bild dingfest zu machen. (...) Was sie wissen wollten? Also: Familienverhältnisse, besondere Gewohnheiten, Eigenheiten in der Ernährung, Tagesverläufe. Nichts, was der Reporter erfuhr, reichte aus, um auch nur bescheidenes Erstaunen hervorzurufen. Offenbar lebte er mit dem Außerordentlichen auf vertrautem Fuß und hatte sich, überfüttert mit Unerhörtem, das Staunen einfach abgewöhnt. Vielleicht hielt er auch alles, was da über Birte im Umlauf war, für Bolleruper Übertreibung.«[3]

Man kennt schon alles, hat alles gesehen, ist auf nichts mehr neugierig und staunt über gar nichts mehr. Worüber aber könnte man staunen? Ist die zweiundneunzigjährige Birte als »Wunder der Biologie« staunenswert? Ist sie eher eine erstaunliche Lebenskünstlerin, von der man für sich selber etwas abgucken könnte? Oder ist sie bloß als Objekt für Gaffer interessant? Was unterscheidet überhaupt Voyeurismus, Sensationsgier oder Katastrophentourismus von neugierigem Staunen? Sollen wir uns, der Einzelne und die Gesellschaft, überhaupt eine Rückkehr zum Staunen und, damit eng verbunden, zur Neugier wünschen, falls wir wirklich verlernt haben zu staunen? Und wie können wir staunen? Kann man Staunen gar erlernen?

Man muss nicht immer über das Staunen nachdenken, sonst kommt man nicht mehr genug zum Staunen. Gelegentlich aber ist ein Nachdenken über das Staunen sinnvoll, um den Blick und das Gefühl für das Staunen nicht zu verlieren oder zum Staunen zurückzukehren – falls wir überhaupt das Verschwinden des Staunens in unserer Zeit beklagen. Zu welchem Staunen aber sollten wir zurückkehren, zum Staunen über die Wunder der Natur oder zum Staunen über die Wunder der Technik? Was gibt es zu bestaunen? Worüber und warum einzelne Menschen oder Epochen im Laufe der Geschichte gestaunt haben und staunen oder gerade nicht staunen, ist vielfältig, oft sogar gegensätzlich und selber erstaunlich.[4] Was dem einen erstaunlich oder staunenswert vorkommt, eine Landschaft, Menschen, ein Kunstwerk oder technische Bauwerke, ruft bei dem anderen nicht einmal ein müdes Lächeln hervor oder wird gar nicht erst von ihm wahrgenommen. Mit unseren Deutungsmustern des Staunens werfen wir über die Vielfalt der Welt ein Netz, das durch seine Machart von vornherein regelt, was als Beute hängen bleibt und was uns durch die Maschen geht. Unsere Deutungsmuster wirken wie Scheren im Kopf, die uns den Blick von dem abschneiden, worüber andere staunen können und was vielleicht auch für uns staunenswert sein könnte.

Auch die Rede vom Staunenswerten könnte selbst eine besonders wirksame Schere sein, wenn man nur das Schöne, Beglückende für staunenswert hält, nicht aber auch das Hässliche, Beängstigende. Die Schere schneidet von vornherein die beglückende Ruhe des Staunens von allem ab, was beunruhigen könnte. Beim Begriff Staunen denken wir in der Regel zunächst nur an das bewundernde, entzückte Staunen. Das fassungslose, entsetzte Staunen aber ist durchaus auch eine gebräuchliche Begriffsverwendung. Beim Nachdenken über das Staunen stößt man ohnehin auch auf das

Beängstigende und Entsetzliche, das uns fassungslos staunen lässt.

Staunen gilt seit Platon und Aristoteles als Anfang der Philosophie. Welche Art von Staunen aber, welche Fragen, Erfahrungen oder Phänomene bringen uns zum Philosophieren oder zum Nachdenken? Beginnt Philosophie mit der Bewunderung, dass die Welt und unser Dasein wohlgeordnet und schön sind, oder gerade umgekehrt mit dem zweifelnden Erstaunen, ob sie es wirklich sind? Endet die Philosophie mit der Einsicht in die Vernünftigkeit der Welt oder mit dem Zweifel und der Verzweiflung? Welche Deutungsmuster des Staunens beschneiden, welche öffnen unseren Horizont? Staunen ist ein klärungsbedürftiger Sammelbegriff für ein diffuses und ambivalentes Phänomen. Ein erster Versuch zu klären, was Staunen ist und soll, ist die begriffsgeschichtliche und etymologische Analyse. Dabei kommen höchst unterschiedliche Nuancen und Verästelungen des Begriffs Staunen zum Vorschein, die auf vergessene oder unterschätzte Differenzierungen des Phänomens Staunen aufmerksam machen. Die Begriffsanalyse gibt einen Vorgeschmack auf das Erkenntnisdrama mit dem Phänomen Staunen im Spannungsbogen von Bestaunen und Erstaunen, von Zustimmung und Zweifel, von Entzücken und Entsetzen, von heiliger Scheu und Abscheu. Das Erkenntnisdrama hat eine alte Geschichte, die bis heute nichts an Spannung eingebüßt hat.

Das deutsche Wort »Staunen« und das entsprechende griechische »thaumazein« hat sehr unterschiedliche, ja kontroverse Bedeutungen, die nicht selten zu Verwirrungen führen und daher im jeweiligen Verwendungszusammenhang sorgfältig herausgehört werden müssen.[5] Ähnliches lässt sich von den entsprechenden Übersetzungen feststellen (lat. »admiratio«, engl. »admiration«, »astonishment«, »amazement«, »surprise«; franz. »admiration«, »étonnement«, »surprise«; ital. »stupore«, »meraviglia«). Staunen kann erstens zweifelndes Sichwundern, gedankliche Verwirrung und Erstaunen bedeuten, ferner Bestaunen und drittens ein ekstatisches Außer-sich-Sein (griech. thambos, ekplexis; lat. stupor). Staunen kann somit entweder einen kognitiven Zustand der Verwirrung, der Aporie oder des Sichfragens bezeichnen und kommt einem neugierigen, auch skeptischen Fragen nahe, etwa in umgangssprachlichen, trivialen Wendungen wie »ich wundere mich, dass …« oder »das wundert mich aber«. Oder Staunen drückt, zweitens, den Affekt der Bewunderung von etwas Wunderbarem, Geheimnisvollem und Großartigem aus, möglicherweise auch von etwas Unfassbarem, Entsetzlichem. Staunen kann ferner auch einen Zustand der Faszination oder, als fassungsloses Staunen, des Grauens sein. Man ist »starr vor Staunen« oder »ganz weg« und kann nur noch »oh!« sagen oder sich durch Gestik, Mimik und Haltung wortlos ausdrücken.

Außerdem, so viertens, hat »Staunen« oder »theoria« seit Platon und Aristoteles auch die spezifische Bedeutung von »Schau des Göttlichen«. Ob aber wirklich ein etymologischer Zusammenhang mit »theos« (Gott) besteht, ist umstritten. Vermutlich hat dabei das Wort »theasthai« als neugieriges, bewunderndes Anschauen – wie im »Theater« der Welt – lediglich inhaltlich die Bedeutung von »theoros« mitübernommen. Ein »theoros« war der offizielle Gesandte einer Polis bei einer kultischen Veranstaltung zu Ehren eines Gottes und bedeutete wörtlich »den Gott wahrend«.[6] In Anlehnung hieran bekam »theasthai« oder »theoria« bei Platon und Aristoteles schließlich die Bedeutung einer kontemplativen, staunenden Schau des Göttlichen.

Nimmt man zum ohnehin höchst komplexen Begriff »Staunen« den Begriff »Neugier« hinzu, zeigen sich weitere Nuancen und Differenzierungen.[7] Die englischen, französischen und italienischen Wörter für »Neugier« – curiosity, curiosité und curiosità – stammen vom lateinischen »curiositas« ab, das seinerseits von »cura« kommt und Fürsorge, Besorgtheit oder Mühe für etwas bedeutet. Im frühneuzeitlichen Deutschen wurde »curiositas« mit den heute ungebräuchlichen Wörtern »Fürwitz« oder »Aberwitz« übersetzt und bedeutete vorlautes Interesse für etwas, das einen nichts angeht. Die spätere Übersetzung »Neugier« meinte zunächst ebenfalls eine unerlaubte Gier nach Neuem, wurde dann aber neutral und schließlich sogar positiv als Verlangen oder Streben nach Wissen verstanden.[8] Im Griechischen dagegen deckt »thaumazein« von vornherein nur die positive Seite von Neugier als Forscherneugier oder Wissenwollen ab, während »polypragmosyne« als »Vielbeschäftigtheit« unter anderem eine negativ verstandene Neugier bedeutet.

Beide Begriffe, Staunen und Neugier, als Paar schließlich haben eine äußerst wechselhafte, verschlungene Geschichte,[9] in der häufig entweder die Neugier gegen das Staunen oder das Staunen gegen die Neugier ausgespielt wird. Das Staunen über Gott und seine Schöpfung etwa kann die Neugier als bloße Zerstreuung und Sinneslust abwerten, während umgekehrt die Neugier als Bestreben, alles zu wissen und zu erklären, das Staunen als naive Schwärmerei erscheinen lässt. Staunend hingerissen sein ferner kann höchstes Glück bedeuten, aber auch im Gegenteil Beunruhigung der Seele oder Gefährdung der Seelenruhe (Ataraxie). »Nichts bestaunen!« (nihil admirari) ist daher eine grundlegende stoische Lebensmaxime etwa bei Cicero (106–43 v. Chr.) und Horaz (65–8 v. Chr.),[10] mit deren Hilfe auch Kant seine Angst vor Schwärmerei einzudämmen versuchte (siehe Kap. VII). Häufig aber bedeuten Staunen und Neugier auch fast dasselbe und können sich wechseldeutig ersetzen – beispielsweise bei der »Rückkehr der Neugier«. Beides meint, egal ob einzeln oder zusammen, ein neugieriges Staunen als Neugier auf Erstaunliches oder ein Staunen über Neues.

Für eine Klärung des neugierigen Staunens reicht es aber nicht aus, allein auf begriffsgeschichtliche Unterscheidungen und etymologische Ableitungen von Wörtern zurückzugreifen, ohne die zugrunde liegenden Erfahrungen oder Phänomene zu berücksichtigen. Daher bilden die unterschiedlichen, häufig sogar kontroversen Erfahrungen mit dem Staunen und Erstaunlichen oder mit der Neugier den Ausgangspunkt der folgenden Überlegungen. Umgekehrt kommen auch die Phänomene nicht ohne begriffliche Unterscheidungen aus, wenn man etwas *als* etwas verstehen oder deuten möchte – »Gedanken ohne Inhalt sind leer. Anschauungen ohne Begriffe sind blind« (Kant).[11] Daher oszillieren die Überlegungen zum Staunen notwendigerweise ständig zwischen Begriff und Phänomen. »Den« Begriff oder »das« Phänomen Staunen gibt es nicht. Vielmehr führt uns das Nachdenken die Vielfalt der begrifflichen Nuancen und zugleich der Erfahrungen mit dem Staunen vor Augen.

Vor allem in der Philosophiegeschichte werden Deutungsmuster und Wertungen des Staunens genauer und differenzierter sichtbar, die bis heute mehr oder weniger bewusst unser eigenes Staunen beeinflussen.[12] Eine Mentalgeschichte des Staunens kann Schichten und Verwerfungen gegenwärtiger, häufig kaum bemerkbarer Bewusstseinsprägungen aufdecken und das Konfliktpotenzial unterschiedlicher Deutungsmuster in der geistigen Situation unserer Zeit und im Leben des Einzelnen sichtbar machen. Die Geschichte des Staunens führt uns in ein spannendes Erkenntnisdrama, das sich zugleich als Psycho- und Soziodrama unserer Beziehung zur Welt und zu uns selbst abspielt. Das Erkenntnisdrama des Staunens, das sich im Gang durch die Philosophiegeschichte von der Antike bis in die Gegenwart in wechselhaften Akten und Konstellationen darstellt, konfrontiert uns mit unseren eigenen individuellen und gesellschaftlichen Lebensmöglichkeiten.

So führt uns der neugierige Blick auf die Welt bei den frühen griechischen Denkern Homer, Solon und Thales ein Gegenbild zur verengten Perspektive einer wissenschaftlich aufgeklärten Welt vor Augen (Kap. II); das Staunen als Anfang der Philosophie bei Platon und Aristoteles stellt einen Kontrast zu einem totalen Bescheidwissen und einem verengten Nutzendenken dar (III); die lasterhafte »Augenlust« des Staunens beim Kirchenlehrer Augustinus provoziert unser neugieriges Staunen als uneingeschränkte Sinneslust (Kap. IV); der gescheiterte Versuch Petrarcas an der Schwelle der Neuzeit, bei der Besteigung des Mont Ventoux das sinnliche Staunen gegen Augustinus' Verdikt zu rehabilitieren, beschreibt den aktuellen Konflikt von nützlichen und unnützen Beschäftigungen, von hoher und niedriger Kultur oder von geistigen und materiellen Interessen (Kap. V); das am Nutzen aller orientierte Forschungsideal Bacons provoziert als Korrektiv eine hemmungslose Forscherneugier (Kap. VI); Kants Angst vor Schwärmerei zeigt uns die eigenen ungelösten Probleme im Umgang mit dem Irrationalen und Fremden (Kap. VII); die staunenden Kinderfragen bei Jaspers und Bloch erinnern an die bleibende Frage nach dem Sinn unserer Existenz (Kap. VIII); das Umschlagen des Staunens in die Faszination des Ekels vor der nichtigen Existenz bei Sartre schließlich konfrontiert uns mit der Sinnleere des bürgerlichen Daseins und der menschlichen Existenz insgesamt (Kap. IX). In den unterschiedlichen Deutungsmustern des Staunens sehen wir uns insgesamt vor die Frage gestellt, wie wir selber die Welt sehen und entsprechend in ihr leben wollen. Das Nachdenken über das Staunen mündet in eine Ethik des Staunens, die neben den allgemeinen Prinzipien der Verantwortung, des Respekts und der Vielfalt auch konkrete Maximen einer Übung des Staunens enthält (Kap. X).

II. Staunen als Anschauen

Der neugierige Blick auf die Welt bei Homer, Solon und Thales

Staunen kann ein neugieriges Anschauen von etwas sein, ohne dass man damit ein bestimmtes praktisches Interesse verfolgt. Man schaut sich etwas an, einfach weil man neugierig ist und staunt, rein theoretisch. Neugieriges Staunen ist das treibende Motiv der Wissenschaft, auch wenn noch andere Interessen wie Ruhmsucht, Macht oder Geld eine wichtige Rolle dabei spielen. Neugieriges Staunen ist aber auch ein allgemeines Phänomen des Wissenwollens aus Lust am Erkennen. Das Phänomen des neugierigen Staunens findet man bereits in Dokumenten der europäischen Kulturgeschichte als Ausdruck einer noch nicht »entzauberten Welt« vor dem Beginn wissenschaftlicher, methodisch und planvoll durchgeführter Forschung. Vor allem die frühen griechischen Denker Homer, Solon und Thales sind Beispiele für den neugierigen Blick auf die Welt.

Das Staunen der Helden Homers wird von einer Fülle unterschiedlicher Dinge oder Ereignisse ausgelöst und ruft unterschiedliche Reaktionen wie ehrfürchtige Bewunderung, Schaudern und Entsetzen hervor. Als Achill, der Heerführer der Griechen, seinen Gegenspieler Hektor, den Heerführer der Trojaner, mit der Lanze tödlich getroffen und diese aus der blutigen Wunde herausgezogen hat, laufen die anderen Kämpfer herbei und »bestaunten den Wuchs und das prächtige Aussehen Hektors« (Ilias XXII,369). Im griechischen Text steht zwar wörtlich lediglich »sie schauten« (etheesanto), aber im »Schauen« (theoria) liegt zugleich eine unwillkürliche Bewunderung. Die typische Wendung für das staunende Anschauen ist bei Homer: »ein Wunder zu schauen« (thauma idesthai). Die erstaunlichen Gegenstände oder Kunstwerke führen einen Glanz des Göttlichen mit sich, etwa die ehernen Radfelgen des Götterwagens (Ilias V,725), die Waffen des Patroklos (Ilias XVIII,83), die selbstbeweglichen Dreifüße des Gottes Hephaistos (Ilias XVIII,377), die hohen Mauern der Phaiaken (Odyssee VII,45), die Gewänder der Aphrodite (Odyssee VIII,366) oder die meerpurpurnen Gewebe der - Nymphen (Odyssee XIII,108). »Ein Wunder zu schauen« sind außerdem ungewöhnliche Ereignisse, etwa dass die Lanze, die Achill auf Aineias geschleudert hatte, durch Poseidons Einwirkung vor ihm auf den Boden fällt, Aineias selber aber seinen Augen entschwunden ist (Ilias XX,344); dass Lykaon sich ihm als Gegner stellt, den er doch als Sklaven nach Lemnos verkauft hatte (Ilias XXI,54); dass die Trojaner bis zu den Schiffen der Achaier voranrücken (Ilias XIII,99); oder dass – unter Athenes Einwirkung – die Wände, die Säulen und die Tragbalken im Palast des Odysseus den Eindruck flammenden Feuers erwecken (Odyssee XIX,36).[1]

Bei Homer ist das Staunen zwar noch nicht selbst ausdrücklicher Gegenstand des Nachdenkens, fordert aber das Nachdenken heraus. So scheint Hektor ein besonders staunenerregender Held zu sein, in Wirklichkeit aber kämpft der Kriegsgott Ares unsichtbar an seiner Stelle oder an seiner Seite. Weil jedoch gegen einen Gott zu kämpfen aussichtslos ist, kann Diomedes den Rückzug befehlen, ohne als feige zu erscheinen: »Ares aber schwang in den Händen die riesige Lanze und ging bald dem Hektor voraus, bald hinter dem Helden. Schaudernd erblickte ihn da der Rufer im Streit Diomedes (…) und sagte zum Kriegsvolk: ›Oh, ihr Freunde, was staunten wir denn, dass der göttliche Hektor doch so ein Lanzenkämpfer ist und mutiger Krieger? Steht ihm doch immer ein Gott zur Seite und wehrt dem Verderben; jetzt auch ist Ares bei ihm und gleicht einem sterblichen Manne. Darum weicht, gegen die Troer gewendet, immer zurück jetzt; wir begehren ja nicht, mit Kraft gegen die Götter zu kämpfen.‹« (Ilias V,594–606).[2] Trotz ihres Fluchtversuchs aber können die Griechen dem Kriegsgott Ares in der Gestalt Hektors nicht entkommen. Das Göttliche erregt Staunen und Schrecken zugleich, ihm kann man nicht entfliehen. Die Götter herrschen über die Menschen, sind aber selber nur idealisierte Menschen. Daher sind göttliche und menschliche Helden, etwa der Kriegsgott Ares und der Trojaner Hektor, in der Welt Homers ununterscheidbar. Staunen ist ein Anschauen des Göttlichen, das in seiner unentrinnbaren Herrschaft das Entsetzen hervorruft, das die Menschen in sich selber und untereinander erfahren.

In einer menschlich besonders ansprechenden Szene der *Ilias* sitzen sich Achill, der Heerführer der Griechen, und Priamos, der greise König Trojas, dessen Sohn Hektor durch Achill im Kampf getötet wurde, bei einem Mahl gegenüber und betrachten sich staunend wechselweise: »Aber nachdem das Verlangen nach Trank und Speise gestillt war, staunte der Dardanide Priamos an den Achilleus (ethaumaz'), welcher er war und wie groß; er glich den Göttern an Aussehn; doch auch über den Dardaniden staunte Achilleus, als er sein gütiges Antlitz sah und reden ihn hörte. Aber nachdem sich jeder gelabt an des anderen Anblick, sprach ihn als erster Priamos an, der gottgleiche Alte« und bat um ein Nachtlager, das ihm Achilleus bereitwillig gewährte (Ilias XXIV,628–633). Der wechselseitige Genuss des Staunens gilt nicht nur der äußeren Erscheinungsweise. Priamos war heimlich zu den feindlichen Griechen gekommen, um seinen Sohn Hektor nach Troja zur Bestattung zurückzuholen, und Achill hatte den feindlichen Priamos nicht nur gastlich aufgenommen, sondern ihm auch tatsächlich seinen Sohn zurückgegeben, dessen Leichnam er vorher schmählich behandelt hatte. Achill nämlich »ersann dem göttlichen Hektor schmähliche Dinge. Denn er durchbohrte ihm hinten an beiden Füßen die Sehnen zwischen Knöchel und Ferse, durchzog sie mit Rindslederriemen, band am Wagen sie fest und ließ den Kopf dabei schleifen« (Ilias XXII,394–398).[3]

Beide, Achill und Priamos, achten über die feindlichen Grenzen hinaus und gegen ihre rachsüchtigen Affekte die Pflicht der Totenbestattung. Sie kommen in der staunenden Bewunderung eines gemeinsamen Dritten überein, des Respekts gegenüber dem göttlichen Gesetz der Totenruhe, das über alle menschlichen Differenzen universale Geltung hat. Die Selbstverständlichkeit des Staunens über das göttliche Recht geht in Sophokles' Tragödie *Antigone* in einen Konflikt zwischen göttlichem und menschlichem Recht über. Während Kreon die menschlichen Gesetze des Staates an erste Stelle setzt und die Bestattung des Staatsfeindes Polyneikes verweigert, tritt Antigone für die Bestattung ihres Bruders als heiliges Recht ein, muss dafür aber mit ihrem Leben bezahlen. Von Sokrates ferner wird die absolute Pflicht der Totenbestattung noch stärker infrage gestellt und als ungerechtfertigter Anspruch der Toten gegenüber den Lebenden kritisiert. Daher stimmte er als einziger Ratsherr unter Gefährdung seines eigenen Lebens gegen die kollektive Verurteilung der Feldherren, die nach der Seeschlacht bei den Arginusen die Gefallenen nicht geborgen hatten, um nicht das Leben der Seeleute zu gefährden (Platon, Apologie 32b–e).[4]

Wegen der gewandelten Vorstellung über die Geltung göttlicher Rechte ist weder bei Sophokles noch bei Sokrates ein homerisches Staunen über die göttergleiche Schönheit des Feindes vorstellbar. Erst recht reden wir heute nur in einem abgeschwächten Sinn von einem »gütigen« oder »edlen« Gesicht und sind wegen der geschwundenen Kraft absolut gültiger Normen kaum zum Staunen über die von Levinas betonte Unverletzbarkeit des »Antlitzes«[5] unseres Feindes fähig. Im »Antlitz« unseres Feindes sehen wir eher nur eine »Visage«.

In den Epen Homers ist das staunende Anschauen der göttergleichen Helden, Gegenstände, Kunstwerke, Ereignisse oder Haltungen letztlich von einem unerschütterlichen Staunen über das wohl geordnete Weltganze geprägt, das besonders deutlich in der berühmten Schildbeschreibung zum Ausdruck kommt (Ilias XXII,478–608). Der vom Halbgott Hephaistos geschmiedete Schild des Achill enthält ein Bild der gesamten Welt. Er umfasst nicht nur die Welt der Menschen mit

Stadt- und Landleben, Festen, Streit, Krieg, Ackerbau, Ernte, Weinbau und Viehzucht, sondern auch die Welt der Götter, der Erde, der Unterwelt und des Sternenhimmels. Außerdem ist er nach Mitte, Umgrenzung und Gegensatzpaaren wohl geordnet. Die schön anzusehende Weltordnung wird bei Homer zwar nicht als Ganzes ausdrücklich als staunenswert bezeichnet, aber in ihren Details staunend beschrieben, etwa als »ein fettes Flurstück«, das aussieht »wie gepflügt und doch von Gold war: überaus zum Erstaunen war es geschaffen« (Ilias XXII,549). »Das Weltbild«, so fasst Wolfgang Schadewaldt die homerische Schildbeschreibung zusammen, »geht einmal vom Augenschein aus, von der Erscheinung, so wie der Mensch sie wahrnimmt: die flache Erde, vom Horizont als Kreis umgeben, darüber die Wölbung des Himmels. Zugleich aber wird das Wahrgenommene konstruktiv ergänzt. Die Welt wird hineingesehen in mathematische Formen und Strukturen.«[6]

Ähnlich wie bei Homer ist auch für Solon (etwa 640 bis 594 v. Chr.), das zweite Beispiel für das Staunen als Anschauen, alles Neue, Auffallende und Großartige »ein Wunder zu schauen«. Seine Neugier bewegt sich nicht mehr im Erfahrungshorizont des Krieges, sondern des Handels und der allgemeinen Lebenspraxis. Zwar wird Solons »Anschauen« in der Darstellung bei Herodot nicht ausdrücklich mit dem Begriff Staunen in Zusammenhang gebracht, steht aber für die »großen Wundertaten«, von denen Herodot in seiner Geschichtsschreibung über den Krieg zwischen Asien und Europa, den »Barbaren« und »Hellenen«, berichten will: »Was Herodotos von Halikarnassos erkundet hat, das hat er hier aufgezeichnet, auf dass nicht mit der Zeit verlösche, was von Menschen geschah, noch ruhmlos vergehn die großen Wundertaten (erga megala te kai thomasta), die Hellenen nicht minder als Barbaren vollbracht, vor allem aber, warum sie gegeneinander Krieg geführt haben« (Herodot, Geschichte, Vorwort). Das staunende, neugierige Anschauen von allem Neuen, Unbekannten und Wunderbaren wird bei Herodot mit den Verben »theasthai« (schauen) und gleichbedeutend mit »thomazein« (staunen) bezeichnet. So beobachtet etwa ein persischer Reiter bei den Thermopylen staunend die Sport treibenden Spartaner (tauta de theomenos ethomaze; VII, 208); oder es ist von den »staunenswerten« Flussbauten der Semiramis die Rede (axion thomatos; I,184).

Das staunende Anschauen von etwas kann bei Herodot auch gleichbedeutend »theorein« heißen, vor allem in seinen berühmten Bemerkungen über die Reisen Solons (I,29–30). Nach verschiedenen Entführungsgeschichten zwischen Phönikern und Hellenen berichtet Herodot vom lydischen König Kroisos, dessen Name bis heute Symbol für unermesslichen Reichtum ist. Nachdem Kroisos »alle Völker« bezwungen hatte und auf dem Höhepunkt seines Ruhms stand, kamen »alle Weisen (sophistai) der damaligen Zeit aus Hellas« zu ihm (I,28). Unter ihnen war auch der sagenhafte Gesetzgeber Athens, Solon, der aus dem alten Königsgeschlecht Athens abstammt und auf den auch Platon voller Stolz seine Herkunft zurückführt.

Solons Interesse an »Theorie« oder seine »Schaulust« wird bei Herodot als Vorwand für seine Flucht aus Athen verstanden: »Solon von Athen, der den Athenern auf ihr Geheiß Gesetze gegeben und nun zehn Jahre außer Landes ging, um die Welt zu sehn, wie er sagte, eigentlich aber, dass er nicht genötigt würde, der Gesetze, so er gegeben, eines oder das andere wieder aufzuheben (…) Darum also, und auch wohl um die Welt zu sehn, reisete Solon außer Landes.«[7] In seinem wichtigsten Gesetz zur Entschuldung etwa hatte Solon alle öffentlichen und privaten Schulden aufgehoben und eine Befreiung von Schuldknechtschaft erreicht. Damit hatte Solon gemäß seinem Prinzip des Ausgleichs zwischen unterschiedlichen Interessen eine weitreichende Veränderung der Besitz- und Herrschaftsverhältnisse eingeleitet. Um aber einer drohenden Rücknahme der solonischen Gesetze durch die entmachteten Schichten entgegenzuwirken, hatten sich die Athener »durch hohe Schwüre verpflichtet, zehn Jahre hindurch den Einrichtungen nachzuleben, die ihnen Solon verordnet«. Da nur Solon die Athener von ihren Schwüren entbinden konnte, schob er seinen Wunsch, »die Welt zu sehn«, als Grund für seine Abreise vor.

In Herodots Erzählung von Solons Reisen und seinem Besuch bei Kroisos steht jedoch nicht die praktische Absicht, sondern sein Interesse an »Theorie« im Vordergrund. Nachdem ihn die Diener durch alle Schatzkammern geführt und ihm »alle Herrlichkeiten« gezeigt hatten, fragte ihn Kroisos: »Mein Freund von Athen, man hat uns schon viel von dir erzählt, von deiner Weisheit (sophies heineken) und deiner Wanderung, wie du, die Welt zu sehn (gen pollen theories heineken), voll Wißbegierde (philosopheon) umhergereiset. Nun hab ich großes Verlangen, dich zu fragen, wen du von allen Menschen, die du kennst, für den glücklichsten hältst.« Wer wissbegierig ist und viel gesehen hat, erwirbt sich Weisheit, die Kroisos offensichtlich als praktische Lebenserfahrung von Solon erwartet. In seiner Frage setzt Kroisos stillschweigend voraus, dass Glück im Reichtum besteht und dass Solon ihn selber auf Grund seiner Beobachtungen in vielen Ländern für den glücklichsten Menschen halten müsse. Solon aber hatte bei seinen Beobachtungen unterschiedlicher Lebensschicksale vor allem die Vergeblichkeit und Vergänglichkeit menschlichen Handelns und die Unerbittlichkeit des Schicksals mit entsetztem Staunen kennen gelernt. Sein Staunen über Glück und Unglück des Menschen drückt Solon beispielsweise in einem seiner Gedichte aus, die als einzige Schriften von ihm überliefert sind:

»Siehe, Gutes und Böses beschert das Schicksal den
                    Menschen,
Keiner auf Erden entflieht dem, was der Himmel verhängt.
Alles Wirken ist voller Gefahren, ein Menschlein weiß
                    niemals,
Wann mit dem Werk es beginnt, ob's bis zum Ende ihm
                    glückt:

Dieser fängt unter glücklichen Zeichen an, doch gerät er,
Weil er's nicht sorglich bedacht, später in qualvolle Pein;
Jemand, der glücklos begann, dem räumt ein Gott aus dem
                                                   Wege
Fährnisse fort und er nimmt ihm seine Torheit hinweg.
Ohne Grenzen ist aber die Gier bei den Menschen nach
                                                  Schätzen:
Sei einer reich wie er will, lebend in Fülle und Glanz,
Morgen begehrt er das Doppelte; sättigt denn je sich die
                                                  Habsucht?
Nur die Götter allein schenken dir bleibendes Gut!
Doch auch Verhängnis kommt uns von ihnen, und überall
                                                  wandert's
Rings auf der Erde umher, sendet zur Strafe es Zeus.«[8]

Auf Grund seiner Erfahrungen und Überlegungen zum Glück
und Unglück des Menschen hält Solon nicht Kroisos, sondern
Tellos von Athen für den glücklichsten Menschen. Als Kroisos
über seine Antwort »staunt« (apothomasas), macht Solon ihm
deutlich, dass für ihn Glück nicht bedeutet, reich zu sein, sondern in einer »blühenden Stadt« zu leben, »edle und vortreff-
liche Kinder« zu haben und ein »glänzendes Ende« zu nehmen. Daher sind für ihn Tellos von Athen und die Brüder
Kleobis und Biton von Argos, nicht aber Kroisos die glücklichsten Menschen. Kroisos' »Staunen« über diese Antwort ist
einer der frühesten Belege für die Nuance des Staunens als
Verwunderung über eine unerwartete und unverständliche
Behauptung. Ob aber sein Staunen oder, wie es beim platonischen Sokrates heißt, seine Aporie zum Philosophieren oder
zum Nachdenken und Innehalten führte, ist eher zu bezwei-
feln. Vielmehr setzte Kroisos sein Leben als Tyrann und rei-
cher Prasser fort, bis es schließlich ein unglückliches Ende
nahm: Seine Söhne erlitten ein schlimmes Schicksal, und er
selber verlor sein Reich. Damit hatte sich Solons Ansicht über
das wahre Glück als Beispiel bewundernswerter Weisheit bestätigt.

Wegen seines außerordentlichen praktischen Könnens als Gesetzgebung und seines theoretischen Wissens als Lebensklugheit ist es kein Wunder, dass Solon in der Antike als einer der »Sieben Weisen« (Platon, Protagoras 343a) und sogar als weisester der Sieben Weisen galt (Platon, Timaios 20d). »Sophos« (weise) bedeutet in der Doppelbedeutung von praktischem Können und theoretischem Wissen, sich wie Solon besonders gut »auf etwas zu verstehen«. Beides erwirbt man nur auf Grund von Erfahrungen und Kenntnissen, die man am ehesten auf Reisen sammelt. Bei Herodot bedeutet »Theorie« ganz allgemein »Erfahrung, Erkenntnis, die man auf Reisen gewinnt«, oder »Schau, Erkenntnis« von all dem, »was man Staunenswertes gesehen hat«.[9] Staunendes Schauen ist allerdings, wie bei Herodot ebenfalls sichtbar wird, zwar notwendig für die »Weisheit«, hinzu kommen aber muss das Abwägen und Überlegen, welche Schlüsse sich aus dem staunenden Anschauen ergeben.

Einen weiteren Schritt vom unmittelbaren zum nachdenklichen Staunen vollzieht Thales. Bei ihm werden das homerische »Wunder zu schauen« und Solons »Theorie« zur theoretischen Neugier. Während beim Anschauen von göttergleichen Helden, Dingen, Ereignissen und der Welt als Kosmos bei Homer, ähnlich beim Anschauen von fremden Ländern und ihren unterschiedlichen Lebensweisen bei Solon, das Staunen als Affekt der Neugier und Bewunderung, bisweilen auch des Erschreckens, überwiegt, versucht Thales die bestaunten Phänomene vor allem zu erklären. Vermutlich hat auch Thales mit einem Affekt des Staunens über großartige oder neuartige Phänomene begonnen, aber in den überlieferten Berichten über seine Forschungstätigkeiten ist nicht ausdrücklich vom Staunen, sondern lediglich von einem Erklären- und Wissenwollen die Rede. Außerdem wird in den beiden bekannten Anekdoten über Thales bei Platon und Aristoteles die theoretische Neugier nicht nur vom auslösenden Affekt des Staunens abgetrennt, sondern auch vom Ziel des praktischen Nutzens. Die theoretische Neugier – für die es im Griechischen keinen spezifischen Ausdruck gibt – hat es vor allem mit sich oder ihren Gegenständen zu tun, ohne dem auslösenden und begleitenden Affekt oder dem praktisches Ziel eine besondere Bedeutung beizumessen.

In der ersten Anekdote in Platons Dialog *Theaitetos*, die auf eine Vorlage bei Äsop zurückgeht,[10] ist Thales für Sokrates das Beispiel für den Philosophen schlechthin, der wegen seiner rein theoretischen Neugier als weltfremder Sonderling oder Spinner verspottet wird: »Als er einmal, um die Sterne zu betrachten (astronomounta), nach oben schaute und dabei in einen Brunnen fiel, soll ihn eine schlagfertige und tüchtige thrakische Magd mit den Worten verspottet haben, daß er zwar darauf aus sei zu wissen, was am Himmel vor sich gehe, ihm aber verborgen bleibe, was in seiner Nähe und vor seinen Füßen liege.« (Platon, Theaitetos 174a)[11]

Die rein theoretische Neugier betont auch Aristoteles in der zweiten bekannten Anekdote über Thales in der *Politik* (I,11, 1259a), fügt aber zusätzlich zu Platons Anekdote als Nuance hinzu, dass die theoretische Neugier durchaus einen praktischen Nutzen haben kann, dass es aber Thales darauf nicht angekommen sei: »Als man ihn nämlich wegen seiner Armut verspottete, als ob die Philosophie zu nichts nütze sei, so soll er, der auf Grund seiner astronomischen Kenntnisse und Beobachtungen eine ergiebige Olivenernte voraussah, noch im Winter, mit dem wenigen Gelde, das ihm zu Gebote stand, als Handgeld, sämtliche Ölpressen in Milet und Chios für einen geringen Preis gepachtet haben, da niemand ihn überbot. Als aber der richtige Zeitpunkt gekommen war und plötzlich und gleichzeitig viele Pressen verlangt wurden, da habe er sie so teuer verpachtet, als es ihm beliebte, und so einen Haufen Geld verdient zum Beweis, dass es für die Philosophen ein leichtes wäre, reich zu werden, dass das aber nicht das Ziel sei, dem ihre Bestrebungen gälten. Auf diese Weise soll also Thales eine Probe seiner Weisheit erbracht haben.«[12]

Aristoteles will in seiner Anekdote über Thales weniger den primären Wert reiner Theorie und ihren bloß sekundären praktischen Nutzen illustrieren, sondern vor allem die allgemeine ökonomische Regel der Monopolbildung demonstrieren:»Es gehört aber, wie gesagt, überhaupt zur Erwerbskunst, dass man sich in solcher Weise den Alleinverkauf eines Artikels zu verschaffen weiß. Deshalb gebrauchen auch manche Staaten dieses Erwerbsmittel, wenn es ihnen an Geld fehlt, und machen den Verkauf von Waren zum Staatsmonopol.« Als ein weiteres Beispiel für die Bildung eines Staatsmonopols dient Aristoteles ein Händler, der in Sizilien alles Eisen aus den Eisenhütten aufkaufte und mit Gewinn weiterverkaufte, bis ihm schließlich der Herrscher Dionys das Geschäft verbot, um selber den gewinnbringenden Monopolhandel fortzusetzen.

In den beiden von Platon und Aristoteles erzählten Anekdoten mischen sich Tatsachen, Erdichtetes und eigene Wertungen in kaum unterscheidbarer Weise. Von Thales selbst dagegen sind keine schriftlichen Zeugnisse erhalten. Dennoch lassen sich aus den überlieferten Quellen einige Tatsachen über Thales' Leben und seine Theorie als einigermaßen gesichert zusammenstellen, die ein deutlicheres Bild von seiner theoretischen Neugier ermöglichen.[13] Thales lebte von etwa 624 bis etwa 547 v. Chr. in Milet, einer ionischen Stadt im südlichen Kleinasien (der heutigen Türkei). Die griechische Kolonie und Handelszentrale Milet ist als Geburtsstätte der europäischen Kultur und Philosophie oder der – von ihr anfangs noch ununterschiedenen – Wissenschaft berühmt geworden. In Milet lebten außer Thales auch die beiden anderen berühmten Naturphilosophen Anaximander und Anaximenes. Ionien kam insgesamt vor dem politischen und geistigen Höhepunkt Athens eine besondere Bedeutung zu, bedingt durch die Fruchtbarkeit des Landes sowie durch die für den Handelsaustausch günstige Lage am Rande Asiens und seine Nähe zum Orient und zu Afrika. Auf ihren weitreichenden Handelsreisen lernten die Ionier eine Fülle andersartiger Kulturen und Denkweisen kennen. Um erfolgreich Seefahrt und Handel betreiben zu können, waren sie gezwungen, die Augen für alles Neue und Interessante offen zu halten.

Thales war nicht nur praktisch als Staatsmann und Ingenieur in Milet tätig, sondern er interessierte sich auch für Mathematik und Geometrie, die er wahrscheinlich auf seinen Reisen nach Ägypten kennen gelernt hatte. Er soll, vermutlich auf Grund der Berechnungen babylonischer Priester, für den 28. Mai 585 v. Chr. eine Sonnenfinsternis vorausgesagt haben, was vom damaligen Kenntnisstand ausgehend aber eher unglaubwürdig ist. Die beiden wichtigsten Lehrsätze seiner Kosmologie ferner sind, dass die Erde wie ein Stück Holz auf dem Wasser schwimmt (Aristoteles, Vom Himmel B 13) und dass Wasser das »Prinzip« (arche) aller Dinge sei, das bei allem Wandel fortbestehe und in das alles zurückkehre (Aristoteles, Metaphysik A 3). Außerdem ist für Thales die ganze Welt »beseelt« und »voller Götter« (Aristoteles, Von der Seele A 2, A 5). Möglicherweise überlegte Thales, wenn bereits etwas Totes wie ein Magnetstein Eisenteile bewege, müsse erst recht die Welt als Ganzes voller Kraft und Bewegung, somit aber beseelt sein, denn die Seele ist für ihn die Kraft zur Bewegung. Wegen der außerordentlichen Größe und Kraft ihrer Bewegung war die Welt insgesamt für Thales in einem pantheistischen Sinn »göttlich«, nicht aber in einem personalistischen Sinn, wie bei Homer, der sie als durch göttliche Personen gelenkt ansah. Außer für seine vorwiegend spekulative Kosmologie war Thales auch für seine exakte Messkunst berühmt. Es ist daher durchaus denkbar, dass sein angeblicher Sturz in den Brunnen in Wirklichkeit geplant war, um aus dem Schatten des Brunnens heraus mit Hilfe bestimmter Winkel die Sterne zu vermessen.

Bei aller Unsicherheit der überlieferten Berichte scheint jedenfalls festzustehen, dass Thales den Himmel oder den Kosmos nicht nur staunend anschaute, sondern die angeschauten Phänomene auch erklären wollte. Seine »Theorie« war weniger kontemplativer als vielmehr wissenschaftlicher Art. Für Aristoteles markiert Thales' theoretische Neugier daher den Anfang »solcher« Philosophie, die nach einem grundlegenden »Prinzip« (arche) des Seins sucht (Metaphysik A 3, 984a).

Thales hätte demnach den entscheidenden Übergang vom Mythos zum Logos vollzogen, indem er, wie Aristoteles berichtet, den Gott Okeanos zum allgemeinen Prinzip Wasser umdeutete (Metaphysik I 3, 983b). In einer vollständig »entzauberten Welt« schließlich ist Wasser »nichts als H_2O« – und die Welt insgesamt besteht aus lauter Formeln. Bei Thales hat die »Theorie« allerdings noch nicht die Funktion, die Welt restlos zu begreifen und daraus einen Nutzen zu ziehen, sondern sie lässt auch der Spekulation einen breiten Raum und ist vor allem Freude am Erkennen und Bestaunen der Welt.

Zwar wird erst bei Platon und Aristoteles das Staunen und sein Verhältnis zum Erkennen ausdrücklicher Gegenstand des Nachdenkens. Bereits bei den frühen griechischen Denkern aber werden einige grundlegende Aspekte des Staunens deutlich: der Vollzug oder Akt des Staunens, die Haltung des Staunenden, der Gegenstand, die Erklärung und die Bewertung des Bestaunten sowie die Funktion des Staunens. So ist das Staunen bei Homer vor allem ein bewunderndes Anschauen der Welt, das nur wenig Anlass zur fragenden Verwunderung gibt. Bei Solon dagegen ist das Staunen in erster Linie eine Haltung der Offenheit gegenüber der Welt, die nebenbei auch einen lebenspraktischen Nutzen haben kann. Bei Thales schließlich wird das Staunen zum Erklären unerklärlicher Gegenstände und Ereignisse und kann auch einen praktischen Nutzen haben, auf den es Thales aber nicht abgesehen hat. Damit gerät das Staunen von Homer über Solon bis zu Thales als fraglose Bewunderung des Kosmos zunehmend in ein Spannungsverhältnis zur fragenden Verwunderung über den Kosmos und zum Wissenwollen. Das Spannungsverhältnis von Staunen als Bewunderung und als Verwunderung wird dann bei Platon und Aristoteles ausdrückliches Thema. Bei ihnen beginnt die Philosophie als Nachdenken über das Ganze der Welt und der menschlichen Existenz in ihr.

III. Staunen als Wissenwollen

Der Anfang der Philosophie bei Platon und Aristoteles

Für Platon und Aristoteles, so kann man in allen gängigen Philosophiegeschichten nachlesen, ist das Staunen der Anfang oder Ursprung der Philosophie. In Platons *Theaitetos* heißt es: »Dieser Zustand (pathos) kennzeichnet deutlich einen Philosophen, das Staunen (to thaumazein), denn es gibt keinen anderen Anfang (arche) der Philosophie als diesen« (155d 2–4). An der zweiten klassischen Stelle bei Aristoteles heißt es ähnlich: »Denn wegen des Staunens (to thaumazein) haben die Menschen jetzt wie auch früher angefangen zu philosophieren« (I 1, 982b 11–12). Häufig wird die formelhafte Wendung vom Staunen als Anfang der Philosophie missverstanden, als ob damit ein Bestaunen der Welt im Sinne der frühgriechischen Denker gemeint sei. Für Platon wie Aristoteles war das Staunen über die Welt aber gerade zum Problem geworden, das ein verwunderndes Nachdenken herausfordert. An beiden Stellen geht es darum, das spezifische Verhältnis des Bestaunens zum Wissenwollen sowie das Verhältnis vom Ursprung der Philosophie als fragender Verwunderung zu ihrem Ziel als erneuter Bewunderung des Kosmos von Platon und Aristoteles' Philosophieverständnis her genauer zu verstehen.

Das Philosophieverständnis von Platon und Aristoteles wiederum wird erst vor dem Hintergrund der Tradition des staunenden Anschauens bei Homer, Solon und Thales und als Distanz zu ihrem vorwiegend mythologischen Kosmosdenken deutlich. Zwar ist auch für Platon und Aristoteles das staunende Anschauen des Kosmos das Grundmotiv ihrer Philosophie, aber nicht mehr im direkten Zugriff und in der mythologischen Vorstellung des frühgriechischen Denkens. Vielmehr wird für sie das Staunen zum ausdrücklichen

Gegenstand des Nachdenkens, weil es nach den spezifischen Erfahrungen ihrer Zeit nicht mehr länger fraglos praktiziert werden kann. Das staunende Anschauen wurde bei Homer, Solon und Thales trotz unterschiedlicher Facetten von einem grundsätzlichen Vertrauen in die Welt als Kosmos getragen, in dem Menschen und Götter aufeinander bezogen sind und alles Geschehen, ob Gutes oder Böses, Glück oder Unglück, nach unabänderlichen Gesetzen abläuft. Die Welt ist, wörtlich aus dem griechischen »kosmos« übersetzt, ein geordnetes Ganzes und Schmuck, der alle einzelnen Unordnungen und Schrecken überstrahlt. So zeigt die Beschreibung von Achills Schild bei Homer eine Welt, die trotz aller Gegensätze und Disharmonien geordnet und schön ist. Das staunende Anschauen der Welt bei Homer, aber auch Solons Weltoffenheit und Thales' Forscherneugier sind Ausdruck einer funktionierenden Lebensorientierung und wirken in ihrer Darstellung im Epos stabilisierend auf die Lebenspraxis zurück.

Platons Philosophie dagegen setzt in einer Situation ein, in der das orientierende Staunen über den Kosmos seine Kraft verloren hat und Homers Epen keine bildende Wirkung mehr ausüben können. Platon misstraut ausdrücklich den »Lobrednern des Homeros, welche behaupten, dieser Dichter habe Hellas gebildet und bei der Anordnung und Förderung aller menschlichen Dinge müsse man ihn zur Hand nehmen, um von ihm zu lernen, und das ganze eigene Leben nach diesem Dichter einrichten und durchführen« (Staat X, 606d–f; vgl. Platons Dialoge *Euthyphron* und *Ion*). Das orientierende Staunen hatte keinen Gegenstand mehr. Die Erfahrungen der Handelsreisen, die Kriegswirren und die Ablösung der mythologischen Weltdeutung durch eine mathematisch-empirische Betrachtungsweise hatten zur Folge, dass die eine geordnete und schöne Welt in viele instabile und verwirrende Welten zerfiel.

Der Wechsel vom ungebrochenen Staunen über den Kosmos zur Erschütterung über das Chaos markiert einen Epochenwandel. Für ihn lassen sich unterschiedliche Ursachen angeben. Für Thukydides ist der Peloponnesische Krieg zwischen Athen und Sparta (431–404 v. Chr.) »die größte Erschütterung nicht nur für die Hellenen, sondern auch für einige barbarische Völker, ja sogar für den größten Teil der Menschheit«. Die Erschütterung besteht vor allem im Umsturz der bisher geltenden Werte: »In der folgenden Zeit geriet sozusagen ganz Hellas in Bewegung. (...) Tollkühnheit galt jetzt für dienstfertige Tapferkeit, kluges Zaudern für schön verschleierte Furcht, ein weises Betragen für einen Vorwand der Feigheit. Suchte man in jeder Hinsicht vernünftig zu handeln, hieß man in allem träge. Heftiges Draufgängertum erachtete man als männlich.« (III 82)

Der Epochenwandel wurde zusätzlich von der zunehmenden Erkenntnis und Kritik der Amoralität der Götter und ihrer Entlarvung als idealisierter Menschen ausgelöst. Die Erschütterung des Götterhimmels der Epen Homers und der »Theogonie« Hesiods drückt sich am schärfsten in Xenophanes' Kritik aus (etwa 570–480 v. Chr.): »Homer und Hesiod haben den Göttern alles zugeschrieben, was bei den Menschen schändlich ist und getadelt wird: zu stehlen, die Ehe zu brechen und sich gegenseitig zu betrügen« (Fragment 11). Die Kritik der mythologischen Götter und des traditionellen Weltbilds insgesamt wurde durch die zunehmenden Erfahrungen anderer Sitten und Gebräuche auf Grund ausgedehnter Reisen in andere Länder für Handelszwecke ausgelöst, vor allem aber auch durch die neu aufkommende naturwissenschaftliche Sichtweise. So behauptet Anaxagoras von Klazomenai (etwa 500–428 v. Chr.), die Gestirne seien keine Götter, sondern Materie: »Die Sonne, der Mond und sämtliche Sterne seien feurig glühende Steine, die durch die Rotation des Äthers mit herumgeschleudert würden« (Fragment 5). Zwar ist die Annahme späterer Quellen bei Diogenes Laertios und Plinius, Anaxagoras habe den Einschlag eines großen Meteoriten, der 467 v. Chr. in Aigospotamoi niederging, vorausgesagt, absurd. Aber der Einschlag des Meteoriten könnte durchaus zu seiner Ansicht beigetragen haben, die Gestirne seien keine Götter, sondern nichts als Steine. Auf jeden Fall scheint in Anaxagoras' materialistischer Weltsicht ebenso wie in Leukipps und Demokrits Atomismus kein Platz mehr für ein Staunen über den göttlichen Kosmos zu sein.

Wenn aber die Welt der Götter einstürzt, ist auch in der irdischen Welt kein Halt mehr, sofern sie sich jedenfalls auf die Götter als feste Orientierung gestützt hat. Für Kritias beispielsweise, einen Anhänger der Sophisten und den wegen seiner Grausamkeit gefürchteten Führer der Dreißig Tyrannen nach Athens Niederlage gegen Sparta, sind die Götter lediglich eine Erfindung der Herrschenden, um ihren Gesetzen durch das Staunen über den Schrecken und die Herrlichkeit der Götter Geltung zu verschaffen: »da scheint mir zuerst ein schlauer und kluger Kopf die Furcht vor den Göttern für die Menschen erfunden zu haben (…) Die Götter, sagte er, wohnen dort, wo es die Menschen am meisten erschrecken musste, von wo, wie er wusste, die Angst zu den Menschen herniederkommt wie auch der Segen für ihr armseliges Leben: aus der Höhe da droben, wo er die Blitze zucken sah und des Donners grauses Krachen hörte, da, wo des Himmels gestirntes Gewölbe ist, das herrliche Kunstwerk (kalon poikilma) der Zeit, der klugen Künstlerin« (Fragment 25).[1]

Mit dem Verschwinden der Gottheit verschwindet zwar nicht jedes Staunen, aber notwendigerweise das religiös-mythologische Staunen. An seine Stelle tritt bei dem antiken Aufklärer Kritias das ästhetische Staunen über den Himmel als »herrliches Kunstwerk«. Einem ästhetischen Staunen aber kommt keine normierende Kraft mehr zu. Mit seinem berühmten Homo-mensura-Satz zog Protagoras aus Abdera (etwa 481–411 v. Chr.), der berühmteste Sophist seiner Zeit, die Konsequenz aus dem Wegfall des mythologischen Staunens für die Verbindlichkeit der Regeln menschlichen Erkennens, Redens und Handelns: »Der Mensch ist der Maßstab aller Dinge, der seienden, dass (wie) sie sind, der nichtseienden, dass (wie) sie nicht sind.« (Platon, Theaitetos 151e). Für Platon dagegen hat die Entgöttlichung oder Entmythologisierung der

Welt die Beliebigkeit keineswegs zur Konsequenz. Seine Philosophie kann man vielmehr als Versuch verstehen, das, was wirklich staunenswert ist, als Gegenstand des Staunens zurückzugewinnen. An die Stelle des Götterhimmels Homers und des Sternenhimmels Anaxagoras' rückt bei ihm der Ideenhimmel. Der staunenswerte göttliche Kosmos Homers wird von ihm als Ideenhimmel mit den Mitteln des Denkens neu begründet. Was Platon unter Ideen versteht und ob die Annahme von Ideen als Bezugspunkt unseres Denkens und Handelns haltbar ist, beschäftigt die Philosophiegeschichte bis heute als andauernder Streit. Fest steht jedenfalls, dass Platon nach einem Weg suchte, die Beliebigkeit bloßer Meinungen über die Grundlagen des privaten und öffentlichen Lebens sowie über den Aufbau des Kosmos durch wahres Erkennen zu überwinden.

Das verwunderte Nachdenken über den Kosmos endet bei Platon nicht wie bei Kritias in einem unverbindlichen ästhetischen Staunen, auch nicht wie bei Protagoras in beliebigen Weltansichten, sondern in der Schau des Ideenkosmos und im bewundernden Staunen über die Schönheit der Ideen. Das Spannungsverhältnis des Staunens als fragender Verwunderung und fragloser Bewunderung wird besonders im Stufengang des Schönen in Platons Dialog *Symposion* sichtbar. Der Dialog beschreibt ein Trinkgelage, auf dem der Dichter Agathon wegen seines Sieges in einem Dichterwettstreit gefeiert wird. Die Teilnehmer einigen sich darauf, reihum eine Lobrede auf den Eros zu halten. Als Sokrates an der Reihe ist, nehmen die bisher gehaltenen Lobreden eine überraschende Wende. Während für die anderen Eros ein Gott ist, der die vollkommene Schönheit und Liebe verkörpert, begehrt Eros nach Sokrates beides, weil er es nicht selber ist oder besitzt. Eros verkörpert für Sokrates nicht den Besitz, sondern das Streben nach Vollkommenheit und ist damit das Urbild der Philosophie als Streben nach dem im höchsten Maße »staunenswerten« Schönen (210e), das nur in seltenen Ausnahmen geschaut werden kann.

In seinem Lobpreis des Eros entwickelt Sokrates einen Stufengang zum höchsten »Staunenswerten«, bei dem es ihm weniger um das sichere Erreichen eines Ziels, sondern eher um den spannungsreichen Weg zwischen verwunderndem Nichtwissen und staunendem Wissen geht (201d–212c). In der Passage verwendet Platon auffallend häufig an acht Stellen das griechische Wort »thaumazein« in der Doppelbedeutung von Verwunderung und Bewunderung, während er sonst im Dialog »thaumazein« kaum verwendet. Offensichtlich kommt es Platon in dieser Passage darauf an zu klären, inwiefern das doppeldeutige Staunen Ursprung oder Prinzip der Philosophie ist. Die Passage im *Symposion* ist nicht nur für die zitierte Theaitetos-Stelle über das Staunen als Anfang der Philosophie äußerst aufschlussreich und lohnt schon deswegen eine sorgfältige Analyse, sondern stellt auch im Stil und Aufbau eine selber staunenswerte künstlerische und gedankliche Meisterleistung für sich dar.

Seine Überzeugung von der wahren Natur des Eros und dem Wesen der Philosophie trägt Sokrates als Lehre der weisen Priesterin Diotima vor, die ihn in die wahre »Liebeskunst« eingeführt habe. Zwar ist Diotima vermutlich eine von Platon erfundene Figur, entscheidend aber ist in diesem Zusammenhang ihre Funktion als vorrationale Letztbegründungsinstanz der Philosophie. Wenn man wie Sokrates dem Menschen einerseits ein göttliches Wissen als Besitz der Wahrheit oder als staunendes Anschauen des göttlichen Kosmos abspricht, ihm aber andrerseits ein menschliches Wissen als Suche nach der Wahrheit oder eine »Weisheit von menschlichem Maß« (Apologie 20d) zutraut, braucht man eine Instanz, die das Suchen nach Wahrheit als sinnvoll garantiert. Auch die letzte Garantie des Wissens aber steht in Sokrates' Lobpreis des Eros ihrerseits unter dem Vorbehalt der kritischen Prüfung. Zwar verkündigt Diotima nach Art des pythagoreischen Mysterienkults eine unanfechtbare Wahrheit (»Wisse wohl!«, eu isthi, 208c) und äußert in Distanz zum Uneingeweihten ihren Zweifel an der Einsichtsfähigkeit des Sokrates (»Versuche nur zu folgen, wenn du es vermagst«, 210a). Sie spricht aber auch nach Art der bekannten sokratischen Prüfung aus Platons Frühdialogen in Form von Argumenten und Gegenargumenten mit Sokrates (»ausfragend« und »widerlegend«, 201d). Außerdem beruft sich Diotima auf Erfahrungen und Phänomene, die dem menschlichen Erkennen des Eros als Schein des Ewigen im Vergänglichen zugänglich sind. Umgekehrt äußert auch Sokrates Zweifel an dem von ihr Gesagten und fragt sie fortlaufend in der gewohnten Weise des Rechenschaftgebens nach einer Begründung.

Zunächst weist Diotima in einem argumentativ-begrifflichen Verfahren darauf hin, dass die Begriffe »schön« und »hässlich« keine exklusive Disjunktion darstellen. Zwar sei Eros, wie Sokrates selber vorher argumentiert habe (199c–201c), selber nicht schön und gut, sondern strebe erst danach, es zu sein, aber deshalb sei er nicht notwendigerweise hässlich, sondern etwas »dazwischen« (metaxy). Somit sei Eros auch kein Gott, sondern ein »Vermittler« oder »Dolmetscher« (hermeneuon, 202e) zwischen Gott und Menschen, folglich auch »tapfer« und »weisheitsliebend« (philosophon, 203d), aber nicht selber im Besitz der Weisheit: »Kein Gott philosophiert oder begehrt, weise zu werden, sondern ist es, noch auch, wenn sonst jemand weise ist, philosophiert dieser. Ebenso wenig philosophieren auch die Unverständigen oder streben danach, weise zu werden. Denn das ist eben das Arge am Unverstande, dass er, ohne schön und gut und vernünftig zu sein, doch sich selbst ganz genug zu sein dünkt« (204a).

An dieser Stelle wird zum ersten Mal das Wort »staunen« verwendet: »Dies also, lieber Sokrates, ist die Natur dieses Dämons. Mit dem aber, was du glaubtest, was Eros sei, befindest du dich in keinem verwunderlichen Zustand« (thaumaston ouden epathes, 204c). Weil Sokrates nämlich geglaubt habe, Eros sei »das Geliebte, nicht das Liebende«, habe er ihn notwendigerweise für wunderschön gehalten. Das Nichtwissen des Sokrates ist daher nicht weiter erstaunlich, sondern durchaus erklärbar. Staunen wird an dieser Stelle deutlich nicht als Affekt oder Zustand der Bewunderung, sondern der Verwunderung verstanden. Wenn man dagegen die richtige Erklärung für etwas zunächst Unverstandenes gefunden hat, staunt oder wundert man sich nicht mehr, wie es an der zweiten Staunen-Stelle heißt (205b). Sokrates »wundert sich« (thaumazo) über die in sich widersprüchliche Behauptung, dass einerseits alle, andrerseits nicht alle Menschen lieben, wird aber von Diotima ermahnt: »Wundere dich nur nicht!« (me thaumaze). Der Widerspruch ist nur scheinbar, da er auf einer begrifflichen Unklarheit von »lieben« beruht. Die Liebe zum einen Schönen ist zwar allen gemeinsam, die Liebe zu den vielen Schönen aber ist jeweils verschieden.

An einer dritten Stelle ferner bedeutet das Staunen nicht ein auflösbares Verwundern als Irritiertsein oder Aporie (Ausweglosigkeit) des Denkens, sondern ein Bestaunen von jemand, der etwas Staunenswertes kann oder darstellt. Nachdem die Natur des Eros als Zwischenwesen geklärt ist, fragt Diotima nach seinem »Werk« oder was er kann. Sokrates weiß die Antwort nicht und gesteht sein Nichtwissen ein: »Dann würde ich ja dich, o Diotima, nicht so bewundern deiner Weisheit wegen (ethaumazon epi sophia) und zu dir gehen, um eben dieses zu lernen« (206b). Die staunenswerte Weisheit der Diotima besteht darin, dass sie etwas Staunenswertes weiß und mitteilen kann, was das »Werk« des Eros ist. Wenn man dies aber weiß, fragt man nicht mehr verwundert danach.

Daher fordert Diotima Sokrates, so an der vierten Stelle, erneut dazu auf: »so wundere dich nur nicht (me thaumaze)« (207c–d). Sie erklärt ihm, das Ziel oder Werk des Eros sei die Erzeugung von etwas Unsterblichem im Sterblichen. Dabei beruft sie sich auf keine intuitive, göttliche Erkenntnis, sondern auf Erfahrungen oder Phänomene, die jedem zugänglich sind. Die Zeugung eines Unsterblichen oder stets mit sich gleich Bleibenden, Identischen sei zunächst in der Generationenabfolge sichtbar, ferner bleibe der einzelne Mensch trotz seiner körperlichen Veränderungen derselbe, ebenso bleibe seine Seele trotz ihrer veränderten Gewohnheiten und Meinungen identisch, schließlich auch der Gegenstand der wahren Erkenntnis trotz seiner wechselnden Erscheinungsweisen. Wenn man aber in dieser Weise die Teilhabe des Sterblichen am Unsterblichen verstanden hat, ist auch das Ziel oder Werk des Eros als Erzeugung wahrer Erkenntnis nicht mehr verwunderlich (meounthaumaze), wie es an der fünften Stelle zum Staunen heißt (208b).

Sokrates allerdings ist immer noch, so sechstens, erstaunt oder verwundert: »Über diese Rede nun, als ich sie gehört, war ich verwundert (ethaumasa) und sagte: ›Wohl, weiseste Diotima, verhält sich dies nun in der Tat so?‹« (208b). Diotima weist für eine weitere Begründung auf das Phänomen des Ehrgeizes hin, über den man sich, so siebtens, »wundern« würde (thaumazois an), wenn man nicht wüsste, dass die Ehrgeizigen »einen ewigen Namen auf ewige Zeiten« zu erwerben streben (208b–e). Auch alle Dichter und Künstler streben nach ewigen Werken der Seele, ebenso die Weisen, wie der Gesetzgeber Solon, nach Werken der »Gerechtigkeit und Besonnenheit« strebe (209a, d).

Nachdem Diotima das Wesen und Ziel des Eros als Streben, Schönes und Ewiges zu erzeugen, begründet hat, preist sie in hymnischen Worten die philosophische Tätigkeit als Liebe zur Weisheit. Philosophie, so wird an der achten Stelle zum Staunen deutlich, ist wesentlich Sehnsucht nach dem verlorenen Staunen als Innesein mit dem wahrhaft Schönen oder mit den Ideen. Sie beginnt als Eros mit der Liebe zum sinnlich Schönen, steigert sich als Liebe zu den schönen Seelen, bis man schließlich »plötzlich ein von Natur staunenswertes Schönes erblickt (exaiphnes katopsetai ti thaumaston ten physin kalon), um dessen willen man alle bisherigen Anstrengungen gemacht hat« (210e). Philosophie geht »gleichsam stufenweise von einem zu zweien und von zweien zu allen schönen Gestalten, und von den schönen Gestalten zu den schönen Sitten und Handlungsweisen, und von den schönen Sitten zu den schönen Kenntnissen, bis man von den Kenntnissen endlich zu jener Kenntnis gelangt, welche von nichts anderem als eben von jenem Schönen selbst die Kenntnis ist, und man also zuletzt jenes Schöne selbst, was schön ist, erkenne« (211c).

Im Unterschied zum verwunderten Staunen wird das bewundernde Staunen über die Schönheit oder Vollkommenheit der Ideen im *Phaidros*, der ebenfalls ein Dialog über die Liebe ist, als Zustand des Entzückens oder Außer-sich-Seins beschrieben, in den die Seelen in Erinnerung an die vorgeburtliche Schau des Ideenhimmels geraten: »Wenn diese nun ein Ebenbild des Dortigen sehen, werden sie entzückt und sind nicht mehr ihrer selbst mächtig (ekplettontai kai outketh' hauton gignontai« (Phaidros 250a). In die Erinnerung an die Schau der vollkommenen Schönheit mischt sich mit dem Entzücken zugleich das Entsetzen und Schaudern vor dem Göttlichen, das auch die homerischen Helden ergriffen hatte: »so schaudert er zuerst, und es wandelt ihn etwas an von den damaligen Ängsten, hernach aber betet er sie anschauend an wie einen Gott und (…) opfert ihm wie einem Götterbild« (251a).

Das zugleich schaudernde und entzückte Staunen über die Schönheit der Ideen beim Anblick irdischer Schönheit ist ein Grundmotiv von Platons Philosophie seit seinen frühen Dialogen. Als beispielsweise der junge Charmides im gleichnamigen Dialog den Ringplatz betritt, an dem sich im antiken Athen jüngere und ältere Männer zum Sporttreiben und zum Kennenlernen versammelten, sind alle sofort unsterblich verliebt in ihn: »so entzückt (ekpeplegmenoi) und außer Fassung waren sie, als er hereinkam« (Charmides 154c).[2] Genauso beschreibt auch Sokrates, wie er beim Anblick des schönen Charmides in einen panikartigen Zustand geriet: »In diesem Moment, mein Lieber, konnte ich unter sein Gewand sehen! Da fing ich Feuer und war nicht mehr bei mir. Kydias schien sich mir in Liebesangelegenheiten sehr gut auszukennen, wenn er im Hinblick auf einen schönen Jungen jemanden warnt: ›Wenn das Hirschkalb in die Nähe eines Löwen gerät, soll es sich in acht nehmen, nicht als seine Beute verschlungen zu werden‹« (155d–e).

Das Erkenntnisvorbild für die höchste Schau ewiger Wesenheiten oder »Gestalten« ist für Platon das Sehen von Zahlgestalten nach Art der Pythagoreer, die zugleich ästhetische Qualitäten haben. Die Pythagoreer bildeten mit Hilfe von Steinchen (psephoi) Figuren oder Gestalten, an denen man die Zahlenverhältnisse sehen oder anschauen konnte. Beispielsweise lassen sich ungerade Zahlen (1, 3, 5 usw.) darstellen, indem man das aus einem Steinchen gebildete Ausgangsquadrat zu einem Quadrat aus insgesamt vier Steinchen ringsherum auffüllt. Dadurch erhält man in dem »Zeiger« (gnomon), der um das Quadrat aus dem ersten Steinchen herum aus drei Steinchen gebildet wurde, die Zahl 3.[3] Ähnlich wie bei der Bildung der Zahlgestalten, so hoffte Platon, lassen sich auch die Gestalten (eidos, idea) oder Strukturen der Tugenden verstehen, wenn man deren einzelne Bestimmungsstücke zu einer einheitlichen Vorstellung zusammenfügt. Wenn man etwa die einzelnen, für sich genommen aporetischen oder unvollkommenen Definitionen der Tapferkeit im Dialog *Laches* als »Durchhalten der wahren Meinung, was wirklich zu fürchten ist und was nicht«, zusammennimmt, erhält man eine zutreffende Vorstellung, was Tapferkeit wirklich ist.[4] Nicht nur die Strukturen des menschlichen Denkens und Handelns aber lassen sich nach dem Vorbild geometrischer Strukturen »schauen«, sondern auch die Welt als Kosmos insgesamt. Wie im *Symposion* beruft sich Sokrates auch im *Gorgias* auf eine höhere Instanz der »Weisen«, die die »Welt als ein Ganzes und Geordnetes, nicht als Verwirrung und Zügellosigkeit« ansehen (Gorgias 508a). Schönheit und geometrische Ordnung der Welt sind für Platon gleichbedeutend. Die Welt ist für Platon, wie er in seinem späteren Dialog *Timaios* ausführt, ein nach mathematischen Gesetzen aufgebauter Kosmos, der in einer mythologischen Form bereits in der Schildbeschreibung Homers zu finden ist (siehe Kapitel II).

Das Philosophieren, so hat die Analyse der acht Stellen zum Staunen im *Symposion* deutlich gemacht, fängt mit dem Staunen als Verwunderung an, was das wirklich Schöne ist oder was sonst an Unerklärlichem vorliegt, geht dann den Weg der Phänomen-, Begriffs- und Argumentationsanalyse und findet ihre Vollendung im staunenden Anschauen des wirklich Staunenswerten. Den Ausgang des Philosophierens bildet die Erfahrung eines Mangels, die zugleich die Ahnung von Vollkommenheit ist. Daher ist das Philosophieren genauso wie der Eros Sehnsucht und zugleich Erfüllung, Verwunderung und zugleich Bewunderung. Dieselbe Doppelstruktur des Staunens findet sich auch im *Theaitetos*. An der klassischen Stelle vom Staunen im *Theaitetos* geht es ebenfalls um mathematische Erkenntnis, als Sokrates die erste Antwort, Wahrnehmung sei die gesuchte Definition des Wissens (151e), mit Hilfe von Relationen wie »größer als« und »kleiner als« zu widerlegen versucht. Relationen sind konstante oder »ewige« Qualitäten. Während Menschen größer und kleiner werden oder unterschiedlich als groß oder als klein wahrgenommen werden, sind die Relationsbegriffe »größer« und »kleiner« feststehend und gelten unabhängig von einem Beobachter. In der Mathematik ist nicht, wie Sokrates den Satz des Protagoras und die erste Antwort vom Wissen als Wahrnehmung zu widerlegen versucht, jeder Beliebige der Maßstab, sondern nur der Fachmann, der über ein objektives Wissen verfügt (Theaitetos 169a, vgl. 145a), was beispielsweise Relationen sind. Wahrnehmung hat mit dem zu tun, was in der Sinneswelt wird und vergeht, das gesuchte Wissen dagegen mit unveränderlichen Gegenständen wie denen der Mathematik. Daher kann Wahrnehmung nicht das gesuchte Wissen sein.

Da Theaitetos die Begründung des Sokrates nicht versteht, antwortet er ihm: »Bei den Göttern, Sokrates, ich komme aus dem Staunen nicht heraus (thaumazo), was das alles damit auf sich hat. Und manchmal wird mir geradezu schwindlig, wenn ich es mir ansehe« (155c). Darauf antwortet ihm Sokrates mit der bereits zitierten grundsätzlichen Bemerkung zum Staunen als Ursprung der Philosophie: »Mein Lieber, offensichtlich hat Theodoros über deine Art ganz richtig geurteilt.

Denn dein Zustand (pathos), die Verwunderung (to thauma-zein), ist recht typisch für einen Philosophen. Es gibt nämlich keinen anderen Anfang (arche) der Philosophie als die Verwunderung, und wer die Iris Tochter des Thaumas genannt hat, ist offensichtlich kein schlechter Genealoge« (155d). In seiner Antwort spielt Sokrates auf die Behauptung des Theodoros zu Beginn des Dialogs an, Theaitetos sei zur Beschäftigung mit Wissenschaft oder Philosophie besonders gut begabt (143d, 144a). Während Theodoros damit vor allem Eigenschaften wie ein gutes Gedächtnis, Scharfsinn und eine schnelle Auffassungsgabe meint, ist für Sokrates für die Philosophie vor allem die Fähigkeit oder der Charakterzug wichtig, sein eigenes Nichtwissen einsehen und eine Antwort suchen zu können. Ähnlich wie Iris, die Tochter des Thaumas (vgl. Hesiod, Theogonie 265f, 780ff.), als Götterbotin zwischen Erde und Himmel vermittelt und darin Eros gleicht, ist auch das Philosophieren ein Versuch, das Nichtwissen in ein Wissen zu überführen.

Mit dem Staunen als Anfang der Philosophie ist im *Theaitetos* unmissverständlich zunächst Verwunderung oder Sichwundern gemeint, die etwas später auch als »Aporie« (aporon) oder »Zweifel« (amphisbetesai) ausgedrückt wird (158c). Dabei lösen sich im Prozess des philosophischen Erkennens Phasen der »Verwunderung« mit Phasen der »Bewunderung« ab, in denen einem etwas als akzeptabel oder wahr vorkommt. Genauso ergeht es auch Theaitetos, als er den Darlegungen des Sokrates folgt: »Wenn ich mir anhöre, wie du alles darlegst, kommt mir allerdings deine Behauptung bewundernswert vor (thaumasios) und akzeptabel, wie du sie dargelegt hast« (157e). Allerdings muss Theaitetos auch eingestehen, dass er immer noch nicht weiß, was Wissen ist. Ein ähnliches Wechselbad von Aporie und vermeintlichem Wissen muss auch der Sklave im *Menon* im Gespräch mit Sokrates durchmachen, in dem es ebenfalls um Einsicht in eine unveränderliche, ewige Wahrheit der Mathematik geht (Menon 81e–86c). Beide Mal ist das Staunen als Verwunderung und

Bewunderung ferner kein mentaler Akt, der losgelöst von einer Person in Satzform angemessen ausgedrückt werden kann, sondern erfasst als Zustand (pathos) die ganze Person – Philosophie ist auch Charaktersache. Allerdings geht die Tätigkeit oder der Zustand des Philosophierens nicht in der aporetischen Suche auf, sondern zielt auf wirkliche Einsicht. Der Philosoph gibt sich nicht mit der Aporie zufrieden, sondern strebt nach Einsicht. Daher durchzieht das doppeldeutige Staunen als unauflösbare Spannung von Verwunderung und Bewunderung den Prozess des Philosophierens. Jedes Wissen steht unter dem Vorbehalt des Nichtwissens, und jedes Nichtwissen ist nur als Ahnung eines Wissens vollziehbar.

Bei Aristoteles findet sich dieselbe Auffassung vom Staunen wie bei Platon. Zwar werden beide häufig als Gegensätze angesehen, als ob der eine die Ideenwelt, der andere die Sinneswelt als Gegenstand des Erkennens und der Philosophie behaupte. In Wirklichkeit sind sich beide darin einig, dass sich das Erkennen und die Philosophie auf ewiges, unveränderliches Sein richten, weichen aber in der Interpretation des ewigen Seins voneinander ab. Während Platon zumindest in einer bestimmten Phase seines Denkens, vor allem im *Phaidon*, eine von der Sinneswelt abgetrennte Ideenwelt zu behaupten scheint, betont Aristoteles in seiner Kritik an der Ideenlehre seines Lehrers, dass die Ideen oder das Wesen der Dinge nicht jenseits, sondern in der Sinneswelt existieren. Die Differenz zwischen Platon und Aristoteles in der Auslegung des ewig Seienden berührt allerdings nicht ihre Auffassung vom Staunen als Spannungsverhältnis von Verwunderung und Bewunderung oder von Nichtwissen und Wissen.

Vor dem Hintergrund der Philosophie Platons lässt sich Aristoteles' Auffassung vom Staunen relativ knapp darstellen. Dass auch bei Aristoteles Staunen im Sinne von Verwunderung oder Aporie die Initialzündung für Philosophie als Erkenntnisarbeit ist, geht unmissverständlich aus der Begründung hervor, die an die bereits zitierte Stelle in der *Metaphysik* anschließt: »Denn wegen des Staunens (to thaumazein) haben die Menschen jetzt wie auch früher angefangen zu philosophieren, indem man anfangs über die unmittelbar sich darbietenden unerklärlichen Erscheinungen sich verwunderte (ta procheira ton atopon thaumasantes), dann allmählich fortschritt und auch über Größeres sich in Zweifel einließ (diaporesantes), z. B. über die Erscheinungen an dem Monde und der Sonne und den Gestirnen und über die Entstehung des Alls. Wer aber in Zweifel und Verwunderung über eine Sache ist (aporon kai thaumazon), der glaubt sie nicht zu kennen« (Metaphysik I 2, 982b 12–17).[5]

Aristoteles greift fast wörtlich auf Platons Bemerkung zum Staunen als Ursprung der Philosophie im *Theaitetos* zurück. Staunen ist das Hauptmotiv der Philosophie als theoretischer Neugier, die ähnlich wie bei Thales auf reines Erkennen ohne direkten Nutzen abzielt. Während sich die sonstige Forschungsneugier auf Einzelnes in der Welt richtet, strebt die Philosophie bei Aristoteles nicht anders als bei Platon auf die Erkenntnis der Welt insgesamt und des menschlichen Lebens in ihr. Im Unterschied zur *Theaitetos*-Stelle bei Platon allerdings beschreibt Aristoteles neben dem Anfang ausdrücklich auch das Ziel der Philosophie. Auch für Aristoteles bewegt sich die Philosophie im Zwischenbereich von Menschen und Göttern und gelangt nur für wenige in wenigen Augenblicken an ihr Ziel. Als höchste Erkenntnis richtet sie sich auf das Höchste und ist somit in einem doppelten Sinne als Vollzug und als Gegenstand »göttlich«: »Denn einmal ist die Wissenschaft göttlich (theia), welche der Gott am meisten haben mag, und dann die, welche das Göttliche zum Gegenstand hat« (983a 6–7).

Ziel der Philosophie ist die Überwindung der Aporie durch die Erklärung der Ursachen oder die Überführung der Verwunderung in Bewunderung: »Ihr Besitz jedoch muss für uns gewissermaßen in das Gegenteil der anfänglichen Forschung umschlagen (ton ex arches zeteseon). Denn es beginnen, wie gesagt, alle mit der Verwunderung (thaumazein) darüber, ob sich etwas wirklich so verhält, wie etwa über die automatischen Kunstwerke[6], die Wendungen der Sonne oder die Irrationalität der Diagonalen[7]; denn wunderbar (thaumaston) erscheint es einem jeden, der den Grund noch nicht erforscht hat, wenn etwas durch das kleinste Maß nicht soll messbar sein. Es muss sich dann aber am Ende zum Gegenteil und ›zum Besseren‹ umkehren nach dem Sprichwort, wie es auch in diesen Gegenständen der Fall ist, nachdem man sie erkannt hat; denn über nichts würde sich ein der Geometrie Kundiger mehr verwundern (thaumaseien), als wenn die Diagonale kommensurabel sein sollte« (983a 10–21).

In der Überführung der Verwunderung in Bewunderung stimmen Platon und Aristoteles überein und könnten in diesem Sinn Demokrits Lobpreis der Weisheit als »Verwunderungslosigkeit« zustimmen: »Weisheit, die sich durch nichts verblüffen lässt (athambos), ist alles wert« (Fragment 216). Der Weise versucht den lähmenden Schlag des »Zitterrochens«, wie Sokrates im *Menon* die Wirkung der Aporie beschreibt (Menon 80a), zu überwinden, um den fraglichen Gegenstand und den »staunenswerten« Urgrund der Welt insgesamt zu erfassen. Erst dann lässt er sich »durch nichts verblüffen« – bis er sein vermeintliches Wissen durch neue Fakten oder Argumente neu prüfen muss.

Bei Platon ist das Staunen über den Kosmos nie endgültig und selbstsicher, sondern wird mit dem Vorbehalt eines sokratischen Selbstzweifels verbunden, wenn beispielsweise im *Timaios* der Aufbau des Kosmos als »wahrscheinliche Rede« (eikos mythos, 29d) vorgetragen wird. Dagegen besteht bei Aristoteles eine Tendenz zu einer rationalistisch begründeten Lehre mit dem Anspruch auf endgültige Einsicht (Metaphysik XII). In der höchstwahrscheinlich pseudoaristotelischen Schrift *Über die Welt* (Peri kosmou; vermutlich um 80 n. Chr.) wird aus der aristotelischen Kosmologie endgültig ein dogmatisch erstarrtes Lehrgebäude. Die Schrift richtet sich in einem selbstgewissen Ton an den makedonischen Herrscher Alexander, dessen Lehrer Aristoteles gewesen sein soll: »Oft schon, lieber Alexander, erschien mir die Philosophie als etwas Göttliches und wahrhaft Wunderbares (daimonion), vor allem aber dann, wenn sie allein sich zur Schau des Weltganzen erhob und die Wahrheit in ihm zu erkennen suchte (…) Deshalb kann man Menschen, die uns mit Eifer das Bild einer einzigen Landschaft oder die Anlage einer Stadt, die Größe eines Stromes oder die Schönheit eines Berges schildern, (…) nur bedauern wegen der Beschränktheit ihres Geistes, der vor dem ersten besten ins Staunen gerät (ekpeplemenous) und groß tut bei kleinem Anblick. Doch so geht es ihnen, weil sie das Höhere nicht sehen, ich meine den Kosmos und das Größte in ihm. Wäre ihr Sinn nämlich diesem gehörig zugewandt, würden sie nie etwas anderes bewundern (ethaumazon), sondern alles übrige erschiene ihnen klein und wertlos gegenüber seiner Herrlichkeit« (Peri kosmu, 391a).[8]

Während der Verfasser der Schrift das Bestaunen des allein staunenswerten göttlichen Kosmos mit einer Abwertung der vielen erstaunlichen und bewundernswerten Dinge in der Welt verbindet, betont Aristoteles noch ausdrücklich, dass auch die Einzeldinge staunenswert sind. In seiner Schrift *Die Teile der Tiere* wendet er sich gegen den Widerwillen, den manche haben, sich mit ihrer Ansicht nach niederen Lebewesen zu beschäftigen, etwa mit der Einteilung von Wasser- und Flügeltieren. Gegen eine derartige Abwertung des sinnlichen Staunens durch ein metaphysisches Staunen schreibt Aristoteles: »Es wohnt allem Natürlichen etwas Wunderbares bei (ti thaumaston)«, da es am göttlichen Kosmos teilhabe (1. 5, 645a). Auch Platon ist keineswgs ein weltfremder oder sogar weltverachtender Platoniker, sondern verbindet im *Symposion* nicht anders als im *Charmides* das Staunen über die Schönheit der göttlichen Ideenwelt mit dem Staunen über die Schönheit der Sinneswelt. Der Verfasser der pseudoaristotelischen Schrift *Über die Welt* dagegen wertet in seiner dogmatischen Metaphysik nicht nur die Sinnesdinge ab, sondern führt die hierarchische Rangfolge des Staunens auf reale Herrschaftsverhältnisse zurück. Das dogmatisch-metaphysische

Staunen ist bei ihm ein herrschaftliches Staunen, das der Philosoph dem Herrscher darbietet: »Wie es dir als dem besten Fürsten ansteht, dich der Erforschung des Höchsten zu widmen, so ziemt es auch der Philosophie, den Sinn nicht auf Kleines zu richten, sondern so hohe Gaben den Edelsten darzubringen« (391b).

IV. Staunen als Gottesdienst

Unfromme und fromme Neugier bei Augustinus

Die Metaphysik hat ein Janusgesicht, sie kann Fesselung und Entfesselung des neugierigen Staunens bedeuten. Das metaphysische Staunen lastet in seiner dogmatischen Variante nach Art der pseudoaristotelischen Schrift *Über die Welt* wie eine Hypothek auf dem gesamten abendländischen Denken und fesselt oder entwertet das sinnliche Staunen grundsätzlich. In einer derart einseitigen Rezeption der platonisch-aristotelischen Metaphysik steht die Philosophie in Gefahr, in die metaphysische Falle zu laufen, nur absolutes Staunen als wertvoll zuzulassen und alles andere zu verwerfen. Zwischentöne sind nicht zugelassen. Dagegen kann das metaphysische Staunen in einer offenen, der Sinneswelt zugewandten Variante bestehende Weltdeutungen skeptisch überschreiten und die Frage nach dem Sinn und Wert des normalerweise Bestaunten stellen, indem sie auf die Vielfalt unerklärlicher, wunderbarer und erschreckender Dinge aufmerksam macht und Kriterien ihrer Bewertung sucht. Ein derart offenes metaphysisches Staunen kann uns aus den Fesseln von Konventionen befreien. Wenn man erst einmal aus dem Schlaf eines unmittelbar staunenden Anschauens der Welt aufgewacht ist und sich fragt, ob und warum etwas wirklich staunenswert ist, kann man sich nicht mehr einem unbedachten Staunen überlassen. Dabei besteht allerdings die Gefahr, dass man bei der Sehnsucht nach der verlorenen Sicherheit erneut auf bloß scheinbare Sicherheiten hereinfällt. Wenn man aber den Zustand des fragenden Staunens aushält, wird man auf die ideologische Funktion, schlichte Banalität oder unverantwortliche Naivität aufmerksam, worüber »man« unter einem Diktat der Zeit, aus Konformität oder in unaufgeklärter Tradition staunt, und kann zu einem reflektierten Staunen zurückkehren. Die Freiheit vom (vermeintlichen) Staunen ist daher zugleich die Freiheit zum (wirklichen) Staunen ohne Zwänge und Selbstverblendung.

Die Ambivalenz des metaphysischen Staunens als Belastung und als Befreiung wird besonders bei Augustinus im Zeitalter des Übergangs von der Antike zum Christentum deutlich. Bei ihm verbindet sich eine metaphysische Gewissheit, worüber sich allein zu staunen lohnt und wie man sein Leben einzurichten hat, mit der Gewissheit des Glaubens, dass Gott das Heil des Lebens ist. Bei seiner Kritik am bloß innerweltlichen, niederen Staunen ist Augustinus offensichtlich von der pseudoaristotelischen Schrift *Über die Welt* beeinflusst und beeinflusst seinerseits das vorherrschende Deutungsmuster des Staunens fast ein Jahrtausend hindurch bis zu Petrarca (siehe Kapitel V). So findet sich beispielsweise der Topos vom nichtigen Staunen über die Höhe der Berge bei allen drei Autoren in gleicher Weise als Ausgangspunkt für das wahre Staunen. Augustinus' Kritik am neugierigen Staunen ist außerdem durch seine Bekehrung zum Christentum religiös fundiert und führt schließlich zur Verbannung des Staunens und der Neugier in den Lasterkatalog. Statt des unfrommen Staunens (admiratio) im Alltag und in der Wissenschaft ist nach Augustinus allein ein frommes Staunen (stupor) als Lobpreis des Höchsten oder als Gottesdienst erlaubt.

Die Umwertung des Staunens und der Neugier von einer Tugend zu einem Laster ist bei Augustinus nicht nur eine theoretische Umdeutung, sondern zugleich eine praktische Umorientierung. Sie markiert seine doppelte Bekehrung von einer heidnischen über eine philosophische zu einer christlichen Lebensweise. Aurelius Augustinus wurde im Jahre 354 n. Chr. im nordafrikanischen Thagaste (Numidien) geboren und führte in seiner Jugend zunächst ein äußerst sinnenfrohes, sogar ausschweifendes Leben. Durch die Lektüre von Ciceros *Hortensius* wurde er zunächst zur Philosophie als Suche nach der Wahrheit bekehrt. Nach seiner Tätigkeit als Professor für Rhetorik in Karthago, Rom und Mailand bekehrte sich Augustinus durch die Lektüre der Paulusbriefe schließlich zum Christentum (»Nimm und lies!«) und wandte sich zunehmend der Theologie zu. So verfasste er in seiner Zeit als Bischof von Hippo Regius in Nordafrika (396 bis zu seinem Tod 430) zahlreiche gelehrte Werke und wurde der bedeutendste Kirchenlehrer des Christentums.

In seinen autobiographischen *Bekenntnissen* (*Confessiones*, 397) beschreibt Augustinus, wie er aus einem unbefriedigenden neugierigen und philosophischen Staunen aufwachte und in Gott das wirklich Staunenswerte erkannte. In der Interpretation seines Erweckungserlebnisses ist er von der platonisch-aristotelischen Tradition geprägt, die er allerdings christlich uminterpretiert. Seine Überzeugung vom Christentum als Erbe und Vollendung von Platons Philosophie begründet Augustinus in seiner um 390, kurz nach seiner Taufe (387), geschriebenen Schrift *Von der wahren Religion (De vera religione)*. Die im Einleitungssatz formulierten Kriterien einer »wahren Religion« träfen zwar als theoretische Sätze auch auf Platons Philosophie zu, würden aber erst durch das Christentum mit Leben erfüllt: »Den Zugang zu einem guten und glückseligen Leben eröffnet allein die wahre Religion, welche nur einen Gott verehrt und mit geläuterter Frömmigkeit als Ursprung aller Wesen erkennt, als den, der das Weltall anfänglich setzt, es vollendet und umfasst« (I.1, 1).[1]

Äußerlich jedenfalls scheint Augustinus Platons Stufengang des Staunens zuzustimmen, wenn er sich dagegen wendet, in »eitler und flüchtiger Neugierde« (vana et peritura curiositas) die Schönheit und Ordnung des Himmels, der Gestirne und Jahreszeiten anzuschauen, und stattdessen verlangt, »stufenweise zum Unsterblichen und immer Gleichbleibenden« hinaufzusteigen (XXIX,144). Auf dem Stufenweg zu Gott als Vollendung jeder Schönheit und Ordnung ist auch nach Augustinus eine gestufte Neugier und ein gestuftes Staunen durchaus legitim. Augustinus kann sogar einem »Lob des Wurmes« oder einem »Lob der Asche und des Mistes« durchaus positive Seiten abgewinnen: »Wir müssen freilich gestehen: Ein weinender Mensch ist besser als ein fröhlicher

Wurm, doch könnte ich auch zum Lob des Wurmes, ohne zu lügen, vielerlei vorbringen. Man braucht ja nur seine hübsche Färbung zu betrachten, die rundliche Gestalt seines Körpers, wie sein Vorderteil zur Mitte und diese wieder zum Hinterteil stimmt und wie alles der Niedrigkeit des Geschöpfes entsprechend nach Einheit strebt. Da gibt es nichts auf der einen Seite, dem nicht auf der anderen ein gleichgeformtes Gegenstück entspräche. (...) Andere haben sogar mit Recht und lang und breit das Lob der Asche und des Mistes besungen. (...) Jedes Wesen, und sei es das letzte und niedrigste, wird, verglichen mit dem Nichts, von Rechts wegen gelobt« (XLI,217–220).

Trotz der relativen Anerkennung einer innerweltlichen Neugier und Bewunderung allerdings rückt Augustinus die Neugier insgesamt in die Nähe bloßer Angafferei von »Schau- und Gaukelspielen« und grenzt sich damit vom Stufengang des Staunens bei Platon ab, das sinnliches und übersinnliches Staunen miteinander verbindet. Er akzeptiert die Neugier nur, insofern sie eine »Freude am Erkennen des wahren Sachverhalts« (de rerum cognitione laetitiam) ausdrückt, die doch im Grunde genommen auch die Zuschauer und Veranstalter von Gaukelspielen anstrebten: »Was ist auch bewunderns- und schauwürdiger als die Wahrheit selbst (quid ergo admirabilius, quid speciosius ipsa veritate)« (XLIX,264). Daher schließt Augustinus seine Überlegungen mit der Ermahnung und Selbstanklage ab: »So wollen wir denn die Albernheiten des Theaters und der Dichtung beiseite tun und verschmähen und unseren Geist durch Betrachtung und Erforschung der göttlichen Schrift speisen und tränken. Hungernd und dürstend nach eitlen Neuigkeiten (vanae curiositatis) ward er matt und fiebrig und verlangte umsonst, sich an nichtigen Hirngespinsten wie an gemalten Speisen zu erquicken und zu sättigen« (LI,279).

Neugier und Staunen als ästhetischen Genuss lehnt Augustinus in einer »Wendung von den zeitlichen Dingen zu den ewigen« als Selbstzweck kategorisch ab und akzeptiert sie lediglich als Mittel für Höheres: »Denn was sonst erstrebt die

Neugier, wenn nicht Erkenntnis?« (LII,281). Wer sich nur »über Neues freut« (novitatibus gaudent) statt über »Erkenntnis« (cognitio), verfehlte das Ziel des Lernens als Erkenntnisstreben. Die anfängliche Ambivalenz der Neugier und des Staunens schlägt bei Augustinus schließlich in eine entschiedene Ablehnung um: »Darum lassen diejenigen, die nach dem Ziel selber Verlangen tragen, die Gier nach Neuigkeit fahren (curiositate carent)« (LIII,284).

Seine grundsätzliche Ablehnung der Neugier und des innerweltlichen Staunens verbindet Augustinus in den *Bekenntnissen* mit autobiographischen Erfahrungen. Als Kind sei er nicht von der gebotenen Lernbegierde, sondern nur von Augenlust, vor allem zum Theater, erfüllt gewesen: »Sünde war es, Herr mein Gott, dass ich handelte gegen die Gebote der Eltern, auch der Lehrer (…) ich liebte ja beim Wettkampf das ›hohe Siegesgefühl‹, bei phantastischen Geschichten den Kitzel im Ohr, begierig, es möchte noch heftiger jucken, indessen das gleiche Gelüst mehr und mehr auch übers Auge nach den Schauspielen zuckte, dem Vergnügen der Großen« (Bekenntnisse I.10).[2] Auch als Jugendlicher, so bezichtigt sich Augustinus selbst, habe er ein sündhaftes Leben geführt, vor allem während seiner Studienzeit in Karthago, in der er seine Theaterleidenschaft weiter ausgelebt und ein ausschweifendes Liebesleben geführt habe: »Es riss mich fort das Theater mit seinen Spielen, voll von Bildern meines Elends, voll des Zunders für meine Brunst« (III.2).

Augustinus' radikale Abwendung von der Sinneswelt und seine Hinwendung zur christlich interpretierten Welt der Wahrheit oder vom sinnlichen zum metaphysischen Staunen ist von der dualistischen Lehre des Neuplatonismus und vor allem des Manichäismus geprägt. Der Manichäismus geht auf den iranischen Propheten Mani (216–277 n. Chr.) zurück, der zugleich als Apostel Christi und als Nachfolger Zarathustras auftrat. Mani verkündete eine kosmologische Geheimlehre, die die Welt in die gute, ewige Welt und die schlechte, sinnliche Welt einteilt. Derselbe Dualismus von gut und böse bestimmt auch Augustinus' Bewertung und Begründung des Staunens an den beiden Kernstellen der *Bekenntnisse*.

An der ersten Kernstelle (V. Buch, Kapitel 3–4) setzt sich Augustinus zwar von der Kosmologie des Manichäismus ab, behält aber dessen Verachtung der Sinneswelt bei. Dagegen lobt er die antiken Philosophen, deren Erkenntnisse über das Weltall ihm wahrscheinlicher vorkamen als »die weitschweifigen Geschichten der Manichäer« (V.3). An ihnen hebt er, möglicherweise in Anspielung auf Thales, vor allem die wissenschaftliche Genauigkeit hervor, beispielsweise bei der Vorhersage von Sonnen- und Mondfinsternissen und anderen astronomischen Entdeckungen: »diese bewundern die Menschen und bestaunen die Unwissenden« (mirantur haec homines et stupent qui nesciunt, V.3, 4). Wenn Augustinus an dieser Stelle die beiden lateinischen Wörter »mirari« (bewundern) und »stupere« (staunen) unterscheidet, steht er in der Tradition von Platon, der (in einem positiven Sinne) im *Phaidros* ebenfalls das sprachlose Staunen über das Höchste (ekplettesthai) vom Sichwundern als Ausgangspunkt einer Erklärung unterscheidet.[3] Allerdings verwendet Augustinus »stupere« hier im negativen Sinn als blödes, unverständiges Staunen der Nichtwissenden. Trotz des relativen Lobs der Entdeckungen der antiken Kosmologie wertet Augustinus außerdem im Gesamtduktus seiner *Bekenntnisse* das innerweltliche Wahrheitsstreben der Philosophen als »unfrommes Suchen« ab (non enim religiose quaerunt, V.3, 4; non pie quaerunt, V.3,5), da sie nicht zum christlichen Gott als Urgrund allen Staunens vorgedrungen sind. Daher gleicht ihre Neugier »toten Sorgen« (mortuas curas, V.3, 4), wie Augustinus das lateinische Wort »curiositas« etymologisch erklärt.[4]

An der zweiten einschlägigen Kernstelle der *Bekenntnisse* (Buch X, Kapitel 8 und 35) verurteilt Augustinus das neugierige Staunen als sündhafte Versuchung, da es von der Erkenntnis Gottes wegführt. Seine Begründung bezieht sich nicht mehr primär auf Gott als Gegenstand des Staunens in der Topologie von »oben-unten«, sondern auf den Vorgang des Staunens selbst in der Topologie von »innen-außen«. Die Sünde besteht nach Augustinus darin, dass wir uns der Sinneswelt »draußen« hingeben, statt Gott »drinnen« in der Seele als Ort des Erkennens zu suchen. Wahres Staunen verdient nach Augustinus vor allem die Seele, und hier genauer »das Gedächtnis« (memoria), mit ihren »gehäuften Schätzen« von sinnlichen Eindrücken, Gedanken und Selbstreflexionen (X.8).

In Vorwegnahme von Kants Transzendentalphilosophie, dass wir nicht die Dinge an sich, sondern nur ihre Erkenntnisformen erkennen können, kehrt sich bei Augustinus das Staunen über die äußere Welt zum Staunen über die innere Welt des Gedächtnisses als Ort der Erkenntnis um: »Ein groß Verwundern (admiratio) überkommt mich da, Staunen (stupor) ergreift mich über diese Dinge« (X.8). Das Staunen über die Sinneswelt ist bloße Selbstvergessenheit, wie Augustinus (ohne ausdrücklichen Bezug) an einem Beispiel aus der pseudoaristotelischen Schrift *Über die Welt* illustriert (siehe Kapitel III), das wiederum Petrarca bei seiner Besteigung des Mont Ventoux von Augustinus übernimmt (siehe Kap. V): »Und da gehen die Menschen hin und bewundern (admirari) die Höhen der Berge, das mächtige Wogen des Meeres, die breiten Gefälle der Ströme, die Weiten des Ozeans und den Umschwung der Gestirne – und verlassen dabei sich selbst. Sie finden nichts daran zu staunen (mirantur), dass ich jetzt beim Nennen all der Dinge nichts davon mit Augen sehe« (X.8). Ferner ist der Vorgang der Erinnerung für Augustinus selber ein »Rätsel« (X.16) und Gegenstand der Bewunderung: »Diese Kraft gehört meinem eigenen Ich hier an, sie ist in meiner eigenen Natur gelegen, und gleich wohl fasse ich selber nicht ganz, was ich bin. (…) Denn diese Dinge gelangen ja nicht selbst ins Gedächtnis, nur ihre Bilder werden mit wunderbarer Schnelligkeit erfasst, wie in wunderbaren Kammern aufgehoben und beim Erinnern wunderbar hervorgeholt (mira celeritate capiuntur, et miris tanquam cellis reponuntur, et mirabiliter recordando proferuntur)« (X.8 f.).

Das sinnliche Staunen ist für Augustinus nicht nur subjektive

Selbstvergessenheit, sondern auch objektive Gottvergessenheit. Denn im Gedächtnis, so greift Augustinus indirekt die Anamnesislehre Platons aus dem *Menon* und aus dem Jenseitsmythos des *Staates* (X. Buch) auf, ist vor allem die Erinnerung an Gott und an das selige Leben mit Gott aufbewahrt. Das Gedächtnis ist der Ort des Erkennens, und dieses führt letztlich zu Gott: »Denn Freude an der Wahrheit ist Seliges Leben. Und das ist Freude, Gott, an Dir« (X.21). Da Gott und das selige Leben nur »innen« zu finden sind, ist das »äußere« neugierige Staunen konsequenterweise sündhafte Abwendung von Gott. Neugier (curiositas) ist für Augustinus lediglich als »Begierlichkeit der Augen« das Laster der »Begierlichkeit des Fleisches« (concupiscentia carnis, X.35).

Schließlich fasst Augustinus seine allgemeinen Überlegungen sowie seine persönlichen Bekenntnisse in einer alltagspraktischen Überlegung zusammen: »Wer möchte es aber zählen, wie viele lächerlich geringe Anlässe unserm Fürwitz tagtäglich zur Versuchung werden und wie oft wir auch dabei straucheln!« (X.35). Als Beispiele nennt Augustinus die »Alltagsschwätzer« (narrantes inana), das Jagen von Hasen durch Hunde oder das scheinbar harmlose Anschauen von Dingen oder Tieren: »Oft, wenn ich zu Hause sitze, kann ich gespannt einer Eidechse zuschauen, wie sie Fliegen fängt, einer Spinne, die sie umwickelt, wenn sie ihr ins Netz geraten sind. Kleine Tierchen, gewiss, aber ist die Sache nicht die gleiche? Wohl gehe ich von solchen Eindrücken dazu über, Dich zu preisen, wunderbarer (mirificum) Schöpfer und Ordner der Dinge all und all, aber das war nicht von Anfang gleich der Grund, mich ihnen hinzugeben. Ein anderes ist es, schnell wieder hochzukommen, ein anderes, überhaupt nicht zu fallen« (X.35). Augustinus endet seine Überlegung mit der Mahnung: »Wenn unser Herz zum Speicher für derlei Dinge wird und ein dichtes Geschwirr von Nichtigkeiten mit sich herumträgt, so zerreißt und verwirrt dies oft auch unsere Gebete« (X.35).

Wie stark Augustinus mit seiner rigorosen Verdammung des »äußeren« neugierigen Staunens von der platonisch-aristotelischen Metaphysik abweicht, zeigt nicht nur ein Vergleich mit dem Stufengang des Erkennens oder Wissens in Platons *Symposion* (siehe Kapitel III), sondern auch mit den Anfangs-sätzen der aristotelischen *Metaphysik*: »Alle Menschen stre-ben von Natur nach Wissen (pantes anthropoi tou eidenai oregontai physei); dies beweist die Freude an den Sinnes-wahrnehmungen (aisthesis), denn diese erfreuen an sich, auch abgesehen von dem Nutzen, und vor allen andern die Wahrnehmungen mittels der Augen. Denn nicht nur zu prak-tischen Zwecken, sondern auch wenn wir keine Handlung beabsichtigen, ziehen wir das Sehen so gut wie allem andern vor, und dies deshalb, weil dieser Sinn uns am meisten Er-kenntnis (gnorizein) gibt und viele Unterschiede (diaphorai) offenbart« (I 1, 980a 21–27). Die interesselose, zweckfreie Neugier und das Staunen über die Vielfalt der Sinneswelt wird von Aristoteles von vornherein positiv als eigener Schritt des Erkennens bewertet. Daher sind bei ihm die »Wahrnehmun-gen mittels der Augen« eine erstrebenswerte Erkenntnislust im Gegensatz zum Laster der »Begehrlichkeit der Augen« bei Augustinus. Das Erkennen geht vom Kennenlernen der sinn-lichen Wahrnehmung und ihrer Erinnerung aus, wird über die Erfahrung (empeiria) als Zusammenfassung vieler Ein-zeleindrücke zum Wissen allgemeiner Ursachen und Gesetz-mäßigkeiten und gipfelt in der Einsicht in Gott als höchste Ursache der Welt (981a 28–30).

Parallel zu den mentalen Stufen des Staunens von der Sin-neswahrnehmung über das Erkennen des Allgemeinen bis zum Erkennen der höchsten Ursache verlaufen nach Aristote-les auch die affektiven Stufen des Staunens, die mit der Ver-wunderung über zunächst unerklärliches »Naheliegendes« beginnen und im Bestaunen der göttlichen Ursachen gipfeln. Die Augenlust geht bruchlos in die Lust der höchsten Er-kenntnis oder des Staunens über, in der sich Gott selbst er-kennt und an der auch der Mensch in Ausnahmesituationen eines seligen Lebens teilhaben kann (Nikomachische Ethik X 7). Das selige Leben vollzieht sich bei Platon wie Aristoteles bereits in der Liebe zum sinnlich Schönen und in der Augenlust. Das Staunen über die Vielfalt der Dinge in der Welt und das Staunen über die Welt als Kosmos bilden bei ihnen eine notwendige Einheit und gerade keinen Gegensatz wie bei Augustinus.

Die natürliche Ausrichtung des neugierigen Staunens wird bei Augustinus nicht nur durch die neuplatonisch-manichäische Sinnesfeindlichkeit, sondern auch durch die christliche Sündenlehre außer Kraft gesetzt. Während sich der Mensch bei Platon und Aristoteles in seinem neugierigen Staunen über die Sinneswelt auf dem natürlichen Weg zum Höchsten befindet, steht er bei Augustinus von vornherein in Versuchung, vom rechten Weg abzukommen. Das natürliche Wissensstreben innerhalb einer objektiven Seins- und Erkenntnisordnung wird von Augustinus ins Subjekt verlegt und als sündhafte Versuchung aufgefasst.

Mit der Abwertung des unfrommen Staunens steht Augustinus ferner in der Tradition des Alten und Neuen Testamentes. Dem Alten Testament ist Staunen als Antrieb zum Wissen fremd, stattdessen ist »die Furcht Gottes das Prinzip der Weisheit« (Buch der Weisheit 1,7). Die Neugier dagegen wird als Sünde verdammt, da sie statt einer Furcht vor dem Herrn und statt eines gläubigen Sichfügens in Gottes Ordnung ein Überschreiten vorgegebener Grenzen bedeutet: »Was dir Gott vorgegeben hat, das bedenke immer, und sei nicht neugierig auf die Mannigfaltigkeit seiner Werke« (Buch Kohelet 3,22).[5] Im Unterschied zur Furcht Gottes im Alten Testament ist allerdings im Neuen Testament an mehreren Stellen das Staunen über die Größe Christi zu finden: als Staunen anlässlich des unerwarteten Fischfangs (Lukas 5,9), der Heilung Kranker und Besessener (Matthäus 12,23) oder der Weisheit des lehrenden Jesus (Matthäus 7,28).[6] Das Staunen beruht aber nicht, wie bei Platon und Aristoteles, auf der Einsicht in die Größe Gottes, sondern ist ein fragloses Staunen über seine Wunder und Herrlichkeit.

Die »Verkoppelung von Staunen und Neugier« dagegen ist im

Alten und Neuen Testament und in seiner Nachfolge bei Augustinus unerwünscht und sogar ein Laster.[7] Das neugierige Staunen als Laster bildet bei Augustinus nicht nur einen Gegensatz zu dem offenen metaphysischen Denken bei Platon oder Aristoteles, sondern auch zu einer weltzugewandten Religiosität. Auf dem schmalen Grat einer an sich wünschenswerten Grenzziehung zwischen sinnloser Gafferei und legitimem Staunen ist Augustinus in eine pauschale Verdammung des neugierigen Staunens abgestürzt und hat als Kirchenlehrer das Denkmuster des Staunens jahrhundertelang entscheidend geprägt. Erst dem sinneszugewandten Denken der Renaissance gelingt es, die Fesseln einer dogmatischen, geschlossenen Metaphysik allmählich abzuschütteln. Wie stark die Schere des metaphysischen Staunens den Erkenntnis- und Erfahrungshorizont einengen kann, zeigt der missglückte Versuch Petrarcas, sich einem uneingeschränkten sinnlichen Staunen hinzugeben.

V. Staunen als Sinnenlust

Petrarcas Besteigung des Mont Ventoux

Für das Bergsteigen kann man unterschiedliche Motive nennen. Abgesehen vom strategischen Nutzen, wie Hannibals Alpenüberquerung, ferner vom sportlichen Nutzen, wie das Ausprobieren der eigenen Kräfte, oder vom gesundheitlichen Nutzen, wie das Absolvieren eines Fitnessprogramms, kann Bergsteigen auch ein sinnliches, ästhetisches Erlebnis oder ein Genuss sein, ohne dass es für jeden ein solches Erlebnis und einen solchen Genuss bedeuten müsste. Selbst wenn man in Abwägung der verschiedenen Vorlieben den utilitaristischen über den ästhetischen Wert des Bergsteigens oder anderer Sinneserfahrungen und Genüsse stellt, wird man kaum den Wert sinnlicher Erfahrungen insgesamt leugnen können. Dennoch gibt es auch in unserer Zeit, die sich als sinnesfreundlich und lustbetont versteht, wirkmächtige Tendenzen, sinnliche, ästhetische Werte den utilitaristischen Werten unterzuordnen und alle Handlungen und Erfahrungen ausschließlich nach einem Kosten-Nutzen-Kalkül zu bewerten. Als wertvoll gilt allein, was nützlich ist, als nützlich aber wird Wohlstand, Gesundheit oder Machtausübung angesehen.

Das utilitaristische Denken kann als geheime Metaphysik unserer Zeit gelten, die den Rahmen dessen absteckt, was insgesamt als sinnvoll gilt. Wenn man sich den Utilitarismus als eine Schere im Kopf klar macht, ist das metaphysische Staunen eines Augustinus keine überholte, nur historisch interessante Sinnesfeindlichkeit. Sie ist vielmehr als antik-mittelalterliche Metaphysik des Seelenheil-Utilitarismus nur eine andere Form der modernen Metaphysik des Wohlstands-, Gesundheits- oder Macht-Utilitarismus. Sinnenlust oder das ästhetische Vergnügen und Staunen über die Welt muss sich auch in unserer Zeit vom Diktat eines metaphysischen Utilitarismus befreien.

Auch Petrarcas – misslungener – Versuch, sich vom metaphysischen Staunen eines Augustinus zu befreien und die Berge »allein aus Schaulust« (1)[1] zu bestaunen, ist nicht von bloß historischem Interesse, sondern lässt den gegenwärtigen Konflikt zwischen einem Umgang mit der Natur als Mittel für einen außerhalb liegenden Nutzen und einem Umgang mit der Natur als Selbstzweck erkennen. Den Versuch, Staunen als Sinnenlust zu erfahren, hat der Jurist, Theologe, Philosoph und Dichter Francesco Petrarca (1304–1374) unternommen, als er am 26. April des Jahres 1336 zusammen mit seinem jüngeren Bruder Gherardo, einem späteren Kartäusermönch, den Mont Ventoux bestieg. Zwar ist sein Bericht eines der frühesten Dokumente alpinistischer Unternehmungen, der ihm häufig verliehene Ehrentitel »geistiger Vater des Alpinismus« aber kommt Petrarca sicher zu Unrecht zu. Seine Schilderung ist gerade kein Lobpreis und keine Werbung für das Bergsteigen, sondern eine Warnung vor einer abwegigen Sinnenlust des Sehens.

Petrarca fasst seine Schilderung in Form eines Briefes ab, den er an seinen Lehrer Francesco Dionigi richtet, Augustinermönch, Professor der Theologie und Philosophie sowie Bischof von Monopoli. Allerdings ist nicht klar, ob Petrarca seinen Brief tatsächlich, wie er behauptet (35), unmittelbar als noch frischen Eindruck seiner Bergbesteigung geschrieben oder erst Jahre später als gelehrte Abhandlung und autobiographisches Bekenntnis im Stile des von ihm verehrten Augustinus verfasst hat. Gleich in den ersten Sätzen seines Briefes jedenfalls unterstreicht Petrarca als primäres Motiv seiner Unternehmung das Staunen über den Anblick des Berges und seine Neugier, den Berg näher kennen zu lernen, den er seit seiner Kindheit von seinem Wohnsitz aus vor Augen gesehen habe: »Den höchsten Berg dieser Gegend, den man nicht zu Unrecht Ventosus, ›den Windigen‹, nennt, habe ich am heutigen Tag bestiegen, allein vom Drang beseelt, diesen außergewöhnlich hohen Ort zu sehen (sola vivendi cupiditate ductus)« (1).

Der Mont Ventoux ist für Petrarca nicht nur als »höchster Berg in dieser Gegend« (1) attraktiv, sondern dürfte für ihn, ähnlich wie der Olymp als antiker Göttersitz, ein numinoser, mit ehrfürchtigem Schrecken besetzter Ort des »Heiligen« gewesen sein. Und auch heute noch zieht uns der Berg geheimnisvoll an: »Der Mont Ventoux in der Provence ist nur 1912 Meter hoch, aufgrund seiner majestätischen Alleinlage und der bleichen Mondlandschaft aus Kalkstein auf dem Gipfelplateau aber von alters her ein sagenumwobener Ort. Heute führen Straßen auf den Gipfel, gern genutzt als Bergetappe der Tour de France (...) Das kalkweiße Gipfelplateau ist ein Kampfplatz der Winde. Temperaturstürze von zwanzig Grad Celsius sind keine Seltenheit. Bis in den Juni hinein liegt hier oben in manchen Jahren Schnee, während die Touristen zu Füßen des Berges, in der Provence, schon heiße Sommerfreuden genießen.«[2]

Bei seiner Bergbesteigung setzt sich Petrarca im Geist der beginnenden Renaissance bewusst über vorgegebene Normen und Bedenken gegen ein bloß sinnliches Staunen hinweg, wenn er seine ungewöhnliche Unternehmung, die er »allein aus Schaulust« unternommen habe, als »entschuldbar« (excusabile, 3) ansieht. Schließlich sei er noch jung und vernachlässige bei seinem Unternehmen keine sonstigen Pflichten. Außerdem finde man dasselbe Tun selbst bei einem »greisen König« wie Philipp V. von Makedonien nicht tadelnswert. Nach dem von Petrarca zitierten Bericht des römischen Geschichtsschreibers Livius (2) hatte der König allerdings, was Petrarca übersieht, nicht aus ästhetischen, sondern aus strategischen Gründen den Gipfel des Haemusgebirges bestiegen, weil der Weg über das Gebirge von »Bedeutung für seinen Kriegsplan gegen Rom« gewesen sei (Livius, Ab urbe condita 40, 21, 2–4).

In seinem Brief beschreibt Petrarca ausführlich die Schwierigkeiten, die bei der Besteigung des Berges zu überwinden waren. Allerdings kann »die Beschaffenheit des Ortes« (6) die Neugier Petrarcas nicht beeinträchtigen, auch nicht die Warnung eines »uralten Hirten«, der »uns wortreich von der Besteigung abzuhalten suchte, indem er sagte, er habe vor fünfzig Jahren mit demselben Ungestüm jugendlichen Feuers den höchsten Gipfel erstiegen, habe aber nichts von dort zurückgebracht außer Reue und Mühsal und einen von Felszacken und Dornsträuchern zerfetzten Leib und Mantel, und weder jemals vor jener Zeit noch nachher habe man bei ihnen davon gehört, dass irgendwer Ähnliches gewagt habe« (7). Die Warnung des Hirten stachelt im Gegenteil als Reiz des Verbotenen das Begehren Petrarcas zusätzlich an.

Nach mehreren vergeblichen Versuchen, auf direktem Weg den Gipfel zu erreichen, und nach vielen Umwegen legt Petrarca eine Pause ein und meditiert in einem ersten Exkurs über den Weg der Seele zum »seligen Leben« (ad beatam vitam, 12). Dieser kommt ihm – vorerst jedenfalls – leichter vor als der Weg des Körpers, da er »im Nu eines Augenzwinkerns« (in ictu trepidantis oculi) zu bewältigen sei (15). Durch derartige Überlegungen an »Seele und Leib für den Rest des Weges aufgerichtet« (15), erreichen Petrarca und sein Bruder schließlich den Berggipfel und lassen sich auf einem kleinen Plateau nieder. Seinen Zustand des genussreichen Staunens bezeichnet Petrarca als Außer-sich-Sein mit dem lateinischen Wort »stupere« (im Griechischen bei Platon: ekplettesthai): »Zuerst stand ich, durch den ungewohnten Hauch der Luft und die ganze freie Rundsicht bewegt, einem Betäubten gleich da (stupenti similis). Ich schaue zurück nach unten: Wolken lagen zu meinen Füßen, und schon wurden mir der Athos und der Olymp weniger sagenhaft, wenn ich schon das, was ich über sie gehört und gelesen, auf einem Berg von geringerem Ruf zu sehen bekomme« (17). Petrarcas staunendes Außer-sich-Sein ist offensichtlich kein rein spontaner Zustand, sondern ist deutlich von der überlieferten Deutung des Numinosen als »heiligen« Ortes des Schauderns und der Bewunderung beeinflusst.

Petrarcas Beschreibung des Ausblicks vom Gipfel des Berges fällt eher dürftig aus, wohl auch deshalb, weil die Sprache ästhetischer Naturerfahrung erst noch gefunden werden musste: »Ich wende dann meine Blicke in Richtung Italien, wohin mein Herz sich stärker hingezogen fühlt. Die Alpen selber, eisstarrend und schneebedeckt (...) zeigen sich mir ganz nah, obwohl sie weit entfernt sind« (18). Vergleicht man Petrarcas knappe Beschreibung mit der sinnlich-anschaulichen Beschreibung, die etwa der in seinem Fach bekannte Insektenforscher Jean-Henri Fabre von seiner dreiundzwanzigsten Besteigung des Mont Ventoux im Jahre 1865 gibt, wird deutlich, wie sich unterdessen die Sprache und die Fähigkeit des sinnlich-genussreichen Staunens differenziert und erweitert haben: »Endlich geht die Sonne auf. Bis an die äußerste Grenze des Horizonts wirft der Mont Ventoux seinen dreieckförmigen Schatten, dessen Seiten infolge der Beugung der Lichtstrahlen violett schimmern. Im Süden und im Westen dehnen sich neblige Ebenen, in denen wir, wenn die Sonne höher steht, den Silberfaden der Rhône erkennen können. Im Norden und Osten breitet sich unter unseren Füßen eine gewaltige Wolkenschicht aus, eine Art Ozean aus weißer Watte, aus dem, wie Schlackeninseln, die schwarzen Gipfel der unter uns liegenden Berge emporragen. Gegen die Alpen hin erstrahlen einige Gletscherfirste.«[3]

Nach der Beschreibung seines »betäubten« Staunens bei der Aussicht vom Gipfel wendet sich Petrarca in einem zweiten Exkurs seinem bisherigen Seelenweg zu. Dieser erscheint ihm, wie er in einem Augustinus-Zitat ausdrückt, als Weg der »fleischlichen Verderbnis« (20) oder als »noch unentschiedener Kampf um die Herrschaft der beiden Menschen« in seiner Seele (22), die das Prinzip des guten und bösen Willens verkörpern. Petrarcas anschließende, wieder recht zurückhaltende Beschreibung der Aussicht vom Gipfel zeigt, dass seine Entscheidung gegen die »fleischliche Verderbnis« im Grunde genommen bereits gefallen ist: ich »wandte mich um und blickte zurück gegen Westen – man hatte mich nämlich gemahnt und geweckt, ich solle zurückblicken und sehen, was zu sehen ich gekommen war, die Zeit zum Aufbruch dränge, da die Sonne sich schon neige und der Schatten des Berges wachse. (…) Die Berge der Provinz von Lyon hingen zur Rechten, zur Rechten sogar der Golf von Marseille und der, der an Aigues-Mortes brandet, waren ganz deutlich zu sehen, obwohl dies alles einige Tagereisen entfernt ist. Die Rhône lag geradezu unter meinen Augen« (24, 25). Petrarcas Beschreibung gleicht dem Abhaken von Sehenswürdigkeiten auf einer durchorganisierten Reise. Er absolviert den restlichen Rundblick als bloßes Pflichtpensum, da seine Gedanken über den Seelenaufstieg seine ursprüngliche Neugier und Augenlust nahezu vollständig verdrängt haben. Ähnlich wie das moderne Sightseeing-Programm unter dem Diktat der Tourismusbranche zur lästigen Pflicht werden kann, halten die noch unerledigten Sehpläne unter dem Diktat seiner metaphysischen Einstellungen Petrarca nur von der einen, wichtigen Entscheidung zum seligen Leben in der Schau Gottes ab und sind selber uninteressant geworden.

In der folgenden Szene schlägt das irdische Staunen nach außen endgültig in das Staunen nach innen um. Auch der Umschlag des Staunens erfolgt nicht spontan, sondern ist von Petrarca offensichtlich von Anfang an nach dem Muster der »Bekenntnisse« Augustinus' vorbereitet. In seinem dritten Exkurs bezeichnet Petrarca das irdische Staunen nicht nur wie Augustinus mit »mirari« (das Wort kommt bei ihm hier zum ersten Mal vor), sondern verurteilt mit dem bereits bekannten Augustinus-Zitat seine Augenlust des neugierigen Staunens: »Während ich dies eins ums andere bestaunte (mirarer) und bald an Irdischem Geschmack fand, bald nach dem Beispiel des Körpers die Seele zu Höherem erhob, kam ich auf den Gedanken, in das Buch der Bekenntnisse des Augustinus hineinzuschauen« (26). Analog zum »Nimm und lies!« der Bekehrung Augustinus' durch das Bibelzitat wird das Zitat aus dessen *Bekenntnissen* für Petrarca der Anstoß zu seiner endgültigen Bekehrung: »Und es gehen die Menschen hin, zu be-

wundern (admirari) die Höhen der Berge und die gewaltigen
Fluten des Meeres und das Fließen der breitesten Ströme und
des Ozeans Umlauf und die Kreisbahnen der Gestirne – und
verlassen dabei sich selbst« (27).

Unter dem Eindruck der Augustinus-Lektüre bereut Petrarca
sein sinnliches Staunen: »Ich war betäubt (obstupui), ich ge-
stehe es, und ich bat den Bruder, der darauf brannte, weiter
zu hören, er solle nicht in mich dringen, schloss das Buch,
zornig auf mich selber, daß ich jetzt noch Irdisches bewun-
derte (terrestria mirarer), ich, der ich schon längst selbst von
den Philosophen der Heiden hätte lernen müssen, daß nichts
bewundernswert ist (mirabile) außer der Seele: Im Vergleich
zu ihrer Größe ist nichts groß« (28). Mit dem anschließenden
Satz vollzieht Petrarca in der von Augustinus verlangten Wendung nach innen endgültig den Abstieg vom Berggipfel als
Aufstieg zum Seelengipfel: »Dann aber wandte ich, zufrieden
vom Berg genug gesehen zu haben, die inneren Augen auf
mich selbst« (29). Der Brief endet mit der Bitte an Francesco
Dionigi, den Adressaten des Briefes, für ihn zu beten, seine
Gedanken, »die so lange schweifend und unstet waren, möch-
ten doch einmal zur Ruhe kommen und sich nach vielen unnützen Irrläufen zu dem einen Guten, Wahren, Sicheren und
Beständigen hinwenden. Lebe wohl!« (36).

Petrarcas missglückter Versuch, das sinnliche Staunen vom
metaphysischen Verdikt verderblicher Augenlust zu befreien,
macht deutlich, mit welcher Hypothek die beginnende Renaissance als Aufbruch in neue Zeiten belastet ist. Die Dynamik und Richtung von Petrarcas Deutung des neugierigen
Staunens wird von zwei topologischen Metaphern der Tradition bestimmt, die sich ineinander verschränken. Die Topologie von unten-oben strukturiert den Aufstieg des Körpers und
der Seele zum Gipfel, die Topologie von außen-innen dagegen
kennzeichnet die Umwendung des Blicks von der Sinnes- auf
die Seelenwelt. Dabei wird die Aufstiegsmetapher von der
Innerlichkeitsmetapher überlagert und schließlich von ihr do-
miniert. Das Staunen über die Außenwelt des Körperlichen

wird zum Staunen über die Innenwelt des Geistigen. Bei Augustinus und Petrarca gilt die Aufmerksamkeit nicht der Frage, wie sich der Mensch im Ganzen des Kosmos wiederfinden kann, sondern wie sich das Seelenheil gegen die Versuchungen der Welt erringen lässt. Während das platonisch-aristotelische Staunen nach außen auf die Schönheit und Ordnung der Welt als Kosmos gerichtet ist, bezieht sich das Staunen des christlich-manichäischen Platonismus nach innen auf den Kosmos der Seele. Im Staunen der Aufstiegs-dynamik von Platons *Symposion* und Aristoteles' Stufen des Erkennens zu Beginn der *Metaphysik* ist das Staunen über die Sinnes- und Ideenwelt als ein und derselbe Kosmos miteinander verbunden. Im innenorientierten Staunen des Seelenaufstiegs bei Augustinus und Petrarca dagegen ist beides voneinander getrennt. Die Seele ist nicht von dieser Welt und nicht für sie bestimmt, sondern findet ihre innere Ruhe erst in Gott. Selbst das Staunen über das »Rätsel« des Erkennens mit Hilfe des Gedächtnisses ist eine bloße Vorstufe zum staunenden Erkennen der Größe Gottes.

Einen radikalen Bruch mit dem bis in die Neuzeit dominierenden Staunen über einen metaphysischen Endzweck allen Erkennens und Tuns vollzieht erst Friedrich Nietzsche mit seinem Werk *Also sprach Zarathustra* (1883). Sein Hauptangriffsziel ist die Aufstiegs- und Erlösungsmetaphorik in Platons berühmtem Höhlengleichnis (Staat, VII. Buch). Nach ihm leben wir als Gefangene in einer Höhle, »von Kindheit an gefesselt an Hals und Schenkeln« (514a), ist unser Blick wie starr auf die Höhlenwand gerichtet. Deshalb erkennen wir nicht, dass wir an der Höhlenwand nur Schatten von Gegenständen sehen, die hinter unserem Rücken von »Gauklern« an einem Feuer vorbeigetragen werden. Nur wenn sich ein Gefangener von seinen Fesseln befreien kann und sich umdreht, kann er seine vorherige Befangenheit erkennen. Erst im Aufstieg außerhalb der Höhle aber erkennt er die wirklichen Gegenstände und »schaut« die höchste Ursache der Welt und seiner eigenen Existenz: »Zuletzt aber, denke ich, wird er auch die Sonne selbst, nicht Bilder von ihr im Wasser oder anderwärts, sondern sie selbst an ihrer eigenen Stelle anzusehen und zu schauen (theasasthai) imstande sein. Und dann wird er schon herausbringen von ihr, daß sie es ist, die alle Zeiten und Jahre schafft und alles ordnet in dem sichtbaren Raume und auch von dem, was sie dort sahen, gewissermaßen die Ursache ist« (516b–c).

Die Metaphorik der Höhle gibt eine Gesamtdeutung des menschlichen Lebens und der Welt vor. Als sich Glaukon wundert, was Sokrates mit den Gefangenen und den »Gaukeleien« (thaumata, 514a) hinter ihrem Rücken eigentlich meint, wird seine Frage vom platonischen Sokrates in einem belehrenden Ton zurückgewiesen: »›Ein gar wunderliches Bild (atopon)‹, sprach er, ›stellst du dar und wunderliche Gefangene.‹ – ›Uns ganz ähnlich‹, entgegnete ich« (515a). Im *Zarathustra* dagegen stellt Nietzsche der suggestiven Kraft des Höhlengleichnisses ein Gegengleichnis entgegen, in dem die »Gaukeleien« die wahre Welt darstellen und die »Sonne« als höchster Wert von uns Menschen abhängt. Der Mensch, so Nietzsches Umkehr der Werte durch den Übermenschen, schuldet nicht der Sonne Dank, sondern diese ihm, weil sie ohne den Dank des Menschen nicht staunenswert wäre. Die Eingangsszene ist vom Platon-Kenner Nietzsche zweifellos ausdrücklich als Umkehr des Höhlengleichnisses und seiner Staunens-Metaphorik gemeint und gibt den Ton des ganzen Buches an: »Als Zarathustra dreißig Jahre alt war, verließ er seine Heimat und den See seiner Heimat und ging in das Gebirge. Hier genoß er seines Geistes und seiner Einsamkeit und wurde dessen zehn Jahre nicht müde. Endlich aber verwandelte sich sein Herz – und eines Morgens stand er mit der Morgenröte auf, trat vor die Morgensonne hin und sprach zu ihr also: ›Du großes Gestirn! Was wäre dein Glück, wenn du nicht die hättest, welchen du leuchtest! Zehn Jahre kamst du hier herauf zu meiner Höhle: du würdest deines Lichtes und dieses Weges satt geworden sein, ohne mich, meinen Adler und meine Schlange. Aber wir warteten deiner an jedem Morgen, nahmen dir deinen Überfluß ab und segneten dich dafür.‹« (Zarathustras Vorrede, 1).

In Nietzsches Umkehr der traditionellen Staunensmetaphysik ist die Höhle nicht unten, sondern oben angesiedelt, geht nicht der Mensch den Weg hinauf zur Sonne, sondern diese steigt hinab zu ihm, und der Mensch ist in seinem Glück nicht von der Sonne, sondern diese ist von ihm abhängig. Nietzsches Über-Mensch lässt sich nicht von einer staunenswerten Instanz über ihm bestimmen, sondern steht über allem und bestimmt selbst, was für ihn staunenswert ist. In seiner Umkehrung der Höhlen-Metaphysik bleibt Nietzsche allerdings selber der metaphysischen Metaphorik und ihrer Normierung eines Entweder-Oder verhaftet: Statt »innen« gilt »außen«, statt »oben« gilt »unten«, und statt Gott ist der Mensch höchster Zweck von allem.

Dass allerdings die Herrschaft des Menschen über den Menschen und die Natur nicht die erhoffte Freiheit bringt, sondern für den Menschen und die Natur selbstzerstörerisch ist, hat auch die Erfahrung der ökologischen Krise gezeigt, nicht zuletzt in der sporttouristischen Eroberung der Berge. Während das selbstzweckhafte, ästhetische Staunen über die Berge bei Petrarca unter dem Diktat eines metaphysischen Seelenheilutilitarismus misslingt, nimmt der moderne Alpentourismus die Berge in einem Wohlstands-, Gesundheits- und Machtutilitarismus in seine Dienste. Die Indienstnahme der Berge und der Natur insgesamt kritisiert etwa der bekannte Bergsteiger Reinhold Messner und stellt die Forderung auf: »Verzichtsalpinismus statt Eroberungsalpinismus und statt Dienstleistungsalpinismus«.[4] Auch für seine eigenen alpinistischen Rekordleistungen nimmt Messner nicht utilitaristische Motive in Anspruch, sondern versteht sie als Kunst des Bergsteigens, die für ihn zugleich eine Lebenskunst verkörpert. Das Bergsteigen und das Verhalten zur Welt insgesamt wird von Messner als Weisheit verstanden, die auf keinerlei Nutzen abzielt, sondern die Bergwelt und die Welt insgesamt staunend in ihrem Eigenwert anerkennt: »Weisheit hat mit Staunen zu tun.

Sie beginnt nach meiner Ansicht mit ›nicht mehr wollen‹, ›keine Ziele mehr haben‹, nur noch offen sein.«[5]

Messners Deutungsmuster des Staunens als Weisheit entspricht dem traditionellen Deutungsmuster der Mystik von Platons »plötzlicher« Einsicht (Siebenter Brief) über Meister Eckhart bis hin zur östlichen Meditation. Auch in der Höherbewertung des fraglosen Staunens vor dem fragenden Verwundern stimmt Messner mit der Mystik überein: »das Einssein, das Selbstverständnis in dieser Welt siedle ich höher an als die Philosophie. Die Philosophie ist eine große kulturelle Leistung. Aber sie kann Bewusstsein stören, mein Selbstverständnis kaputtmachen.«[6] Die zerstörerische Wirkung eines alles hinterfragenden Verwunderns ist in der Tat nicht zu leugnen und führt in der Konsequenz zu einer reduziert rationalistischen, »entzauberten Welt«. Andererseits ist kein Rückfall hinter Platons Einsicht möglich, dass wir als Menschen notwendigerweise eine spannungsreiche Existenz zwischen göttlichem Wissen und menschlichem Nichtwissen führen und dass ein mystisches Einssein mit der Welt und uns selber nur in seltenen Augenblicken möglich ist. Auch ist Platons Metaphysik des »Höhlengleichnisses« nicht als dogmatische Lehre einer »Hinterwelt« (Nietzsche) oder als zerstörerisches Hinterfragen zu verstehen, sondern auch als Versuch, die Täuschungen und Selbsttäuschungen unserer Existenz als faulen Zauber zu überwinden. Seit der Vertreibung aus dem Paradies ist die Reflexion als Zerstörung und als Befreiung untrennbar mit unserer Existenz in der Welt verbunden und wäre erst in einem neuen Paradieszustand überflüssig: »Mithin, sagte ich ein wenig zerstreut, müßten wir wieder von dem Baum der Erkenntnis essen, um in den Stand der Unschuld zurückzufallen?« (Heinrich von Kleist, *Über das Marionettentheater*, 1810).

VI. Staunen als Weltbemächtigung

Das neuzeitliche Forschungsideal bei Bacon

In der Antike ist das neugierige Staunen als zweckfreie Theorie das höchste menschliche Glück, das bereits in der Erfahrung des sinnlich Schönen möglich ist und im Einssein mit dem göttlichen Kosmos gipfelt. Die Einheit von sinnlichem und metaphysischem Staunen in einer göttlichen Welt des Diesseits betonen unterschiedliche Denker wie Homer, Solon und Thales sowie Platon und Aristoteles in gleicher Weise. Vor allem unter Einfluss einer manichäisch gefärbten Zweiweltenlehre jedoch zerbricht die Einheit des Staunens und gerät bei Augustinus in den Verdacht der bloßen Gier nach Neuem. Neugieriges Staunen als Sinnenlust oder als ästhetisches Vergnügen, etwa als Theaterbesuch oder als Besteigen eines Berges, kann zwar auch von Augustinus als Phänomen nicht geleugnet werden, fällt aber unter das Verdikt des Lasters bloßer Augenlust.

Während Petrarcas Versuch, das neugierige Staunen als sinnliche Lust zu rehabilitieren, scheiterte, unternahm Francis Bacon (1561–1626) in seinem Werk *Das neue Organon* (*Novum Organum*, 1620)[1] einen zweiten, diesmal erfolgreichen Versuch. Staunen ist für ihn weder metaphysisches Glück noch ästhetisches Vergnügen, sondern ein nützliches Mittel der Weltbemächtigung. Im Einklang mit den Erneuerungsbestrebungen der Renaissance und als Konsequenz zahlreicher technischer Neuentdeckungen begründet Bacon als Erster programmatisch das neuzeitliche Forschungsideal: Wissen und Erkennen stützen sich auf Beobachtungen und Experimente und stehen im Dienst des allgemeinen menschlichen Wohlergehens.

Mit seiner Devise »Wissen ist Macht« zieht sich Bacon allerdings bei Gesellschaftskritikern wie Horkheimer und Adorno den Verdacht zu, ideologischer Vorbereiter einer durchgängig kapitalistischen Gesellschaft und einer rein utilitaristischen Lebensform zu sein. Seine Devise ziele nicht nur auf technische Anwendung des Wissens, sondern auch auf ein technisches Wissen generell: »Technik ist das Wesen dieses Wissens. Es zielt nicht auf Begriffe und Bilder, nicht auf das Glück der Einsicht, sondern auf Methode, Ausnutzung der Arbeit anderer, Kapital.«[2] Selbst wenn man eine derartige Einschätzung als überzogen zurückweisen muss, ist die Ersetzung des selbstzweckhaften Staunens durch die instrumentelle Neugier bei Bacon als Muster des neuzeitlichen Wissens nicht zu leugnen, ebenfalls nicht dessen universelle Dominanz in der gegenwärtigen Gesellschaft einschließlich ihrer problematischen Folgen. Ebenso wenig zu leugnen ist aber auch Bacons Plädoyer für eine sozial verantwortliche Forschungspolitik und dessen Relevanz für die gegenwärtige, rein instrumentelle Forschungsneugier.

Für ein differenzierteres Verständnis Bacons und des neuzeitlichen Forschungs- und Wissensideals insgesamt ist es hilfreich, mit Lothar Schäfer zwischen dem »Bacon-Projekt«, dem »Bacon-Ideal« und dem »Bacon-Programm« zu unterscheiden.[3] Unter dem Projekt ist der Gesamtentwurf zu verstehen, der »in der Verklammerung von Wissenschaft, Technologie und dem Allgemeinwohl« besteht. Innerhalb des Projekts definiert das Ideal das angestrebte Ziel, während das Programm die Mittel bzw. Verfahren angibt: »Methoden, Strategien, Einstellungen, Institutionen und Organisationsformen«. Bacon selbst versteht sein Projekt emphatisch als Aufbruch von der alten in die neue Zeit. *Das neue Organon der Wissenschaften (Novum organum scientiarum)*, der zweite Band der unvollendet gebliebenen *Großen Erneuerung der Wissenschaften (Instauratio magna scientiarum)*, signalisiert bereits in seinem Titel den revolutionären Aufbruch. Der Titel ist eine Anspielung auf das alte *Organon* von Aristoteles, einen Sammeltitel für seine logischen Schriften, die als »Werkzeug« für die Erkenntnis von Wahrheit dienen sollten. Mit seinem neuen

»Werkzeug« wissenschaftlicher Erkenntnis stützt sich Bacon auf Beobachtung und Erfahrung von Einzelfällen, während das alte Denken, wie er mehrfach die antike und mittelalterliche Philosophie kritisiert, vor allem aus begrifflichen Spitzfindigkeiten und Spekulationen bestand und zu keinen wirklichen Entdeckungen führte.

Der Aufbruchsgedanke wird auch durch das Titelbild der Erstauflage des *Organon* versinnbildlicht: Ein Schiff durchfährt die beiden Säulen des Herakles an der Meerenge von Gibraltar und nimmt Kurs auf die Weite des Ozeans. Es gehört zu der 1600 gegründeten East India Company und symbolisiert mit dem Aufbruch zu neuen wissenschaftlichen Entdeckungen zugleich die Eroberung neuer Erdteile und fremder Märkte. Die Säulen ferner weisen darauf hin, dass Bacon die menschlichen Taten der neuen Wissenschaft an den Taten des Zeus-Sohnes Herakles misst, der die Säulen der Meerenge als eine seiner sagenhaften Heldentaten errichtet hat. Die wissenschaftliche Kraft der Neuzeit soll die bloß mythologische Kraft eines Herakles ersetzen, indem sie neue Wege wagt und dadurch einen materiellen Fortschritt ermöglicht, wie die Bildunterschrift das Bacon-Projekt zusammenfasst: »Multi pertransibunt & augebitur scientia« (Viele werden hindurch- und hinausfahren, und die Wissenschaft wird vermehrt werden). Dem abgebildeten Schiff im Vordergrund segelt in weiter Ferne bereits ein anderes voraus – die »vielen« sind bereits mit ein, zwei Schiffen auf dem Weg.

Die beiden Säulen des Herakles symbolisieren nicht nur die Enge der Alten Welt und deren Überwindung durch die Neue, sondern sind als »Schicksalssäulen« auch die beiden Haupthindernisse für den Fortschritt der Wissenschaft: die Überschätzung der bisherigen Erkenntniskräfte und die Unterschätzung der wirklichen Erkenntnismöglichkeiten. Vor allem durch das »Übermaß an Verehrung und Bewunderung (honoris et admirationis excessus) der bisherigen Erfindungen« werden nach Bacon »die wahren Hilfsquellen für die Zukunft« vernachlässigt (Vorrede): »indem die Menschen falsch geleitete Kräfte des Verstandes bewundern und preisen (mirantur et celebrant), gehen sie an den wirklich wertvollen zerstörend vorüber« (Vorbemerkungen). Die Kritik an dem fehlgeleiteten Staunen der alten Wissenschaft durchzieht das gesamte Werk Bacons: die »Ehrfurcht (reverentia) vor dem Altertum« (I 84), deren »Faszination (fascina)« (I 84) und »Bewunderung (admiratio)« (I 56, 85) schwächen den Verstand nicht nur, sondern »betäuben (stupefaciunt)« ihn geradezu (I 56). Nach Bacon ist die Betäubung durch ein fehlgeleitetes Staunen schädlich für das menschliche Leben, weil man seine Kräfte nutzlos verschleudert und sich mit sinnloser Magie und mit Aberglauben beschäftigt. Angesichts der Nachteile der »alten« Wissenschaft schlägt »die Bewunderung der Mannigfaltigkeit (ab admiratione varietatis) in ein Sichwundern über die Dürftigkeit und Kargheit (ad miraculum indigentiae et pauceritatis)« um.

Das fehlgeleitete Staunen über die Methode der bisherigen Wissenschaft und deren Ergebnisse ist für Bacon das Haupthindernis für den Forschritt der Wissenschaft zum allgemeinen Nutzen der Menschheit. Sein Ziel ist jedoch nicht ein neues, angemessenes Staunen über die Schönheit oder Ordnung der Welt, sondern die Weltbemächtigung durch Wissenschaft (»Macht über die Natur«, II 52). Das am Nutzen orientierte Staunen der Wissenschaft kann man nachträglich oder begleitend durchaus mit einem rein neugierigen Staunen und mit einem Staunen über die göttliche Ordnung verbinden, dieses ist aber nicht der Gipfel oder die Legitimation des innerweltlichen Staunens. Bereits Solon konnte auf seinen Schiffsreisen über viele neue und interessante Dinge staunen, die einem nützlich werden könnten (siehe Kapitel II). Allerdings zielte er nicht auf den Nutzen des Staunens, sondern für ihn war die reine »Theorie« oder die Betrachtung des Weltganzen und der vielen Dinge und Ereignisse in der Welt Selbstzweck. Bacon dagegen beschreibt den Typ des neuzeitlichen Forschers, der nicht über die staunenswerte, letztlich göttliche Welt als Kosmos staunt, sondern über Interessantes und Verwertbares in der Welt. Erstaunliche Dinge und Ereignisse sind nicht an sich, sondern nur für uns und als Mittel für unsere Ziele staunenswert. Das metaphysisch-religiöse Staunen wird vom innerweltlichen utilitaristischen Staunen abgelöst. Es ist nicht mehr selbstzweckhafter Ausdruck des guten, seligen Lebens, sondern Mittel für ein besseres, erträglicheres Leben.

Bacon selbst geht es vor allem um die Überwindung des von ihm als falsch und hinderlich angesehenen alten Staunens, erst sekundär um die Etablierung eines neuen Staunens über nützliche Entdeckungen und als Mittel des Erkenntnisfortschritts. Wenn sich Bacon von der neuen Wissenschaft erhofft, dass sie »noch viele kostbare Sachen« entdeckt, die die »Natur in ihrem Schoß verborgen hält« (I 209)[4], ist er nicht an den Kostbarkeiten selbst interessiert, sondern, wie der lateinische Text genauer zu übersetzen ist, lediglich an den »vielen Sachen von außerordentlichem Nutzen (multa excellentis usus)«. Nicht die entdeckten Sachen selbst, sondern ihr Nutzen sind für den neuzeitlichen Forscher kostbar und verdienen ebenso wie deren Entdecker Bewunderung.

Die Ziele seines Projekts möchte Bacon allerdings keineswegs im Sinnes eines egoistischen Utilitarismus verstanden wissen, sondern orientiert den Nutzen am Prinzip der »Liebe« oder an einem altruistischen Utilitarismus. Als »wahre Ziele der Wissenschaft« postuliert Bacon: »man soll sie nicht des Geistes wegen erstreben, nicht aus Streitlust, nicht um andere geringzuschätzen, nicht des Vorteiles, des Ruhmes, der Macht oder ähnlicher niederer Beweggründe wegen, sondern zur Wohltat und zum Nutzen für das Leben (ad meritum et usus vitae); in Liebe (in charitate) sollen sie es vollenden und leiten« (Vorrede). Das Gebot der Menschenliebe ist bei Bacon mit dem Gebot der Gottesliebe verbunden. Wenn Bacon aber seinen Aufbruch in eine »neue« Welt mit Gebeten begleitet, legitimiert er sein wissenschaftliches Tun nicht durch eine religiös-metaphysische Einsicht, sondern unterwirft sich gläubig den »göttlichen Geheimnissen (divinis oraculis)« (Vorrede). Die wissenschaftliche Neugier legitimiert sich nicht durch ein religiös-metaphysisches Wissen, sondern durch den Nutzen für das Gemeinwohl. Sie ist aber für den einzelnen Forscher, wie beispielsweise für Bacon, durchaus mit einem persönlichen religiösen Glauben vereinbar und kann für ihn sogar das entscheidende Motiv der Forschung sein.

Ähnlich sieht auch der Physiker und Philosoph Carl Friedrich von Weizsäcker, selber ein bekennender Christ, für die persönlich begründete Verbindung von wissenschaftlichem Enthusiasmus und gläubigem Staunen eine Traditionslinie von Kepler bis Einstein: Kepler »erlebte seine großen Entdeckungen mit einem Enthusiasmus, der ihn das Entdecken selbst als ein Hineinschauen in die göttlichen Geheimnisse erfahren ließ und somit als einen Gottesdienst. In der Geschichte der Naturwissenschaft ist dies freilich Keplers persönliche Meinung geblieben; dies war nicht lehrbar, so wie seine Beschreibung der Planetenbahnen als Ellipsen um die Sonne lehrbar war. Aber bis zum heutigen Tage empfinden Naturwissenschaftler oft ähnlich wie Kepler, gerade die großen Produktiven. Von Einstein ist der Satz überliefert: ›Was versuchen wir denn anderes als Seine Linien nachzuzeichnen.‹ Aber mit dem fortschreitenden Verfall des religiösen Glaubens in der Neuzeit ist das Zutrauen der Naturwissenschaftler zu den Worten, die Kepler noch gebrauchte, immer geringer geworden.«[5]

Während das Bacon-Projekt trotz seiner utilitaristischen Zielsetzung noch traditionelle metaphysische und religiöse Bezüge aufweist, werden bei seiner Durchführung tatsächlich weitgehend neue Wege beschritten. Dabei betont Bacon den experimentellen Charakter und die neu erfundenen Instrumente als Basis der neuen Wissenschaft, beispielsweise die Erfindung des Schießpulvers oder der Buchdruckkunst (I 95, 110). Vor allem »die kürzlich erfundenen Mikroskope« sind nach Bacons Überzeugung in der Lage, das nutzlose Staunen über bloß eingebildete Erkenntnisse durch ein begründetes Staunen über wirkliche Entdeckungen abzulösen: »Diese Mikroskope vermitteln uns verborgene, sonst unsichtbare Teilchen der Körper und ihre innere Gestaltung und Bewegung. Sie vergrößern alles, so daß man mit ihnen am Floh, an der Fliege und an den Würmern den Bau und die Linienführung des Körpers, die Farbe und Bewegungen – was vorher alles unsichtbar war – genau und mit großer Verwunderung (non sine admiratione) sehen kann« (II 39).

Allerdings überschätzt Bacon bei seiner Bewunderung der neuen Instrumente deren Leistungsfähigkeit, wenn er beispielsweise dem Blick durch die Mikroskope eine Bestätigung der spekulativen Atomtheorie Demokrits durch bloßes Anschauen zutraut: »Demokrit wäre, hätte er dieses Mikroskop gesehen, vielleicht in Verzückung geraten (exiluisset forte), hätte er doch geglaubt, dadurch seine Atome, die er für völlig unsichtbar gehalten hatte, sehen zu können« (II 39). Ähnlich überschätzt auch Henry Power, der seinem 1663 erschienenen Buch *Experimental Philosophy* Bacons Lobpreis des Mikroskops als Motto voranstellt, die Erkenntniskraft der neuen Instrumente, wenn er die alte Wissenschaft mit dem verständnislosen Staunen eines Bauern vergleicht. Während die neue Wissenschaft mit Hilfe ihrer technischen Instrumente eine vollständige Erklärung der Welt ermögliche, könne der unwissend staunende Bauer zwar dem Zeiger einer Uhr von außen folgen, aber nichts von deren innerem Mechanismus verstehen.[6]

Zwar überschätzt Bacon die innerweltlichen Erkenntnismöglichkeiten der neuen Wissenschaft, überschreitet aber nicht ihre prinzipiellen Grenzen, indem er aus ihnen etwa die Erkenntnis einer jenseitigen, göttlichen Ordnung der Welt im Sinne des später auch von Kant kritisierten physikotheologischen Gottesbeweises ableitet. Dagegen vertritt beispielsweise Barthold Heinrich Brockes in seinem neunbändigen Werk *Irdisches Vergnügen in Gott* (1721–1748) die Auffassung, dass ein Staunen über die irdische Welt notwendigerweise zu einem Staunen über die göttliche Schöpfung führe: »Indem man in der Natur verborgene Größ' und Kleinheit steiget, / bei einem heiligen Erstaunen der Schöpfer mehr als sonst sich zeiget.«[7]

Dass mit der Durchführung des Bacon-Projekts weder eine utilitaristische Entzauberung noch eine metaphysische Verzauberung der Welt verbunden ist, zeigt auch die Zielsetzung, die Bacon der Forschungsinstitution des Hauses Salomons in seiner Utopie *Neu-Atlantis* (1638) gibt: »Der Zweck unserer Gründung ist die Erkenntnis der Ursachen und Bewegungen sowie der verborgenen Kräfte in der Natur und die Erweiterung der menschlichen Herrschaft bis an die Grenzen des überhaupt Möglichen.«[8] Ferner soll die Forschungsinstitution einer Wissenschaftsgläubigkeit oder einem faulen Zauber durch Wissenschaft entgegenwirken: »Man wird leicht begreifen, daß wir, die wir so viel Naturerzeugnisse besitzen, die Verwunderung (admiration) der Menschen hervorrufen, auch den Sinnen der Menschen unendlich viel vortäuschen könnten, wenn wir sie zu Wundern herausputzen und zurichten wollten. Ja, wir haben sogar allen Brüdern unseres Hauses unter Geld- und Ehrenstrafen untersagt, etwas Natürliches durch künstliche Zurüstung wunderbar (miraculous) zu machen; rein und von jedem Schein und jeder falschen Wunderhaftigkeit unberührt sollen vielmehr die Naturerscheinungen vorgeführt werden.«[9]

Insgesamt führte das Bacon-Programm während des siebzehnten Jahrhunderts keineswegs zu einer Abschaffung des Staunens, sondern erzeugte, wie Lorraine Daston und Katharine Park in ihren Forschungen über *Wunder und die Ordnung der Natur 1150–1750* dokumentieren, eine allgemeine »Atmosphäre bestaunenswerter Neuigkeiten«[10]. Der Universalgelehrte und Philosoph Gottfried Wilhelm Leibniz beispielsweise sah in einer derartigen Atmosphäre sogar ein nützliches Mittel für die Wissenschaftsförderung und schlug 1675 die Gründung einer privat finanzierten Akademie der Wissenschaften vor. Heutigen populären Darstellungen vergleichbar, etwa in der Zeitschrift *forschung. Das Magazin der Deutschen Forschungsgemeinschaft*, sollte die vorgeschlagene Akademie »bestaunenswerte Neuigkeiten« verschiedenster Art präsentieren: »alle möglichen optischen Wunderwerke (…). Außerordentliche und seltene Tiere. (…) Außerordentliche Seiltänzer. (…) Pferdeballett (…) künstliche Meteoriten (…)«, außerdem Rechenmaschinen, Luftpumpe, teleskopische Beobachtungsgeräte, anatomische Objekte sowie gleich schwingende Pendel.[11] Zwar wurde Leibniz' Vorschlag nicht realisiert, aber im Zuge des Bacon-Projekts entstanden etliche Forschungsakademien, etwa die berühmte Londoner Royal Society.

In der von Leibniz vorgeschlagenen Akademie gingen »die Wunder des Jahrmarkts, des Hofes und des Kuriositätenkabinetts nahtlos in die Wunder der Naturphilosophie über, und allesamt dienten sie dazu, den Sinn für erweiterte Möglichkeiten in der Kunst und in der Natur zu steigern«[12]. Allerdings führte die wissenschaftliche Neugier nicht nur zu Staunen und Bewunderung, sondern zog wegen ihrer scheinbaren oder wirklichen Nutzlosigkeit auch Unverständnis und Spott nach sich – wiederum heutigen Reaktionen durchaus vergleichbar. So liest sich die spöttische Beschreibung fingierter, teilweise auch damals wirklich durchgeführter oder geplanter Projekte an der »Großen Akademie von Lagado« in Jonathan Swifts zeitkritischem Roman *Gullivers Reisen* (1726) wie eine Satire auf die stolz vorgelegte Liste der Forschungsprojekte des utopischen »Hauses Salomons« in Bacons *Neu-Atlantis*[13]. Gulliver berichtet über seinen Besuch der »Großen Akademie«: »Ich wurde von dem Präsidenten sehr freundlich aufgenommen und ging viele Tage lang zur Akademie. Jedes Zimmer beherbergte einen oder mehrere Projektemacher, und ich glaube, ich bin wohl in nicht weniger als fünfhundert Zimmern gewesen.«[14] Bei seiner Visitation bekommt Gulliver in der Tat höchst seltsame Projekte zu Gesicht, beispielsweise Versuche, »Sonnenstrahlen aus Gurken zu ziehen«, »menschliche Exkremente in die ursprüngliche Nahrung zurückzuverwandeln«, »Eis zu Schießpulver auszuglühen«, eine »Methode für den Bau von Häusern (…), indem man mit dem Dach anfing und dann bis zum Fundament nach unten baute«, oder statt aus Seidenraupen lieber aus Spinnweben

Seide herzustellen – ein tatsächlicher Forschungsantrag an der Londoner Royal Society.[15]

Das neugierige Staunen der neuzeitlichen Wissenschaft ist ungeachtet sonstiger, nebenher auch möglicher metaphysischer, religiöser oder ästhetischer Qualitäten in erster Linie ein nützliches Mittel der Weltbemächtigung. Neugier oder Staunen als Mittel der Weltbemächtigung kann aber nicht nur wie bei Bacon als absichtliches Handeln, sondern auch als angeborenes Verhalten oder als psychische Disposition gedeutet werden. In dem nicht lange nach Bacons *Novum Organum* 1651 erschienenen *Leviathan* beschreibt Thomas Hobbes Neugier und Staunen als psychische Eigenschaften speziell des Menschen: »Neugier ist das Verlangen, von der Ursache und der Beschaffenheit irgendwelcher Dinge Kenntnis zu erlangen. (...) Bei den Tieren herrschen das Verlangen nach Nahrung und andere sinnliche Triebe vor. Das Bestreben jedoch, nach den Ursachen zu forschen, ist ein geistiges Vergnügen, nämlich die beständige Freude an immer neuem und unerschöpflichem Wissen. Es übertrifft alle kurzen, wenn auch leidenschaftlichen Vergnügen des Fleisches.«[16] Auch das Sichwundern ist nach Hobbes eine Freude an neuen Einsichten in kausale Zusammenhänge und unterscheidet sich von der Neugier lediglich dadurch, dass es nicht nur das Erstreben, sondern das Erlangen einer derartigen Einsicht ist: »Sich wundern ist die Freude über irgend etwas Neues. Allein der Mensch kann sich wundern, denn nur bei ihm kann das Verlangen erweckt werden, irgendwelche Ursachen zu erforschen.«[17] Hobbes' Beobachtung einer besonderen Nähe von neugierigem Staunen und Lustempfinden werden durch neuere Untersuchungen der neuropsychologischen Lerntheorie durchaus bestätigt.

Der Verhaltensforscher Konrad Lorenz sieht im Neugierverhalten sogar eine allgemeine arterhaltende Fähigkeit, die allen höheren Wirbeltieren zukommt, nicht nur dem Menschen. In seinem Artikel »Psychologie und Stammesgeschichte« versteht Lorenz Neugier als »Spezialisation auf Nichtspezialisiertsein«, das sich besonders auffallend beim Kolkraben und der Wanderratte beobachten lässt.[18] Indem der Kolkrabe tagelang unbekannte Objekte beobachtet und schließlich auch ausprobiert und in dem die Wanderratte in ihrem Bezirk möglichst viele Wege auskundschaftet, können beide durch latentes Lernen im akuten Bedarfsfall auf zunächst nutzlos erscheinende Informationen zurückgreifen. Das Neugierverhalten erhöht ihre Anpassungsfähigkeit und somit ihre Überlebenschancen. So kann sich der Kolkrabe auf Vogelinseln wie eine Raubmöwe, in der Wüste wie ein Aasgeier und in Mitteleuropa wie ein Kleintier- und Insektenfresser verhalten. Eine ähnliche Flexibilität selbst unter widrigen Umständen lässt sich bei der Wanderratte beobachten.

Das Neugierverhalten der Kolkraben und Wanderratten ist kein Appetenzverhalten, das durch unmittelbare Interessen bestimmt ist. Vielmehr vollzieht es sich als »theoretisches« Interesse »im entspannten Feld« oder, analog zum theoretischen Erkennen bei Aristoteles, in der Muße. Vor allem junge Kolkraben interessieren sich nur, wenn sie satt sind, für neue Gegenstände; andrerseits lassen sie sich, wenn sie nur mäßig hungrig sind, auch von noch so guter Nahrung nicht von ihrem Gegenstand abbringen. Dies bedeutet, so Lorenz, »vermenschlichend ausgedrückt: Das Tier will gar nicht fressen, sondern es will w i s s e n, ob gerade dieser Gegenstand ›theoretisch‹ freßbar sei!«[19]

Mit Hobbes' psychologischer und Lorenz' ethologischer Erklärung des neugierigen Staunens scheint nicht nur die Welt, sondern auch unser Staunen über die Welt endgültig »entzaubert« zu sein. Die Welt wäre demnach nichts anderes als ein Bündel von Molekülen und Atomen und unser Handeln nichts anderes als ein instinktives Reiz-Reaktions-Verhalten. Weder ist die Welt staunenswert noch ist es unser eigenes Staunen. Alles ist restlos erklärbar. Allerdings ist auch das szientifische Deutungsmuster des Staunens als instinktives Nutzverhalten seinerseits szientifisch nicht restlos erklärbar. Man kann nicht ohne einen logischen Zirkel naturwissenschaftlich erklären, warum nur ein naturwissenschaftliches Erklären der Phänomene vernünftig sein soll. Das Phänomen des Staunens über eine staunenswerte Welt lässt sich daher nicht zwingend als unvernünftig wegerklären. Das neugierige Staunen der Wissenschaft und Technik ist sicher häufig nützlich, es ist aber unzweifelhaft auch ein Selbstzweck als ästhetisches Staunen über eine verzauberte Welt, und es ist auch als metaphysisches oder religiöses Staunen nicht als sinnlos auszuschließen.

VII. Staunen als Idee des Erhabenen

Kants Angst vor Schwärmerei

Für den aufgeklärten Menschen scheint kaum etwas lächerlicher zu sein als Wunderberichte über Kontakte mit einer jenseitigen Welt. Kants Zeitalter der Aufklärung war voll von derartigen Berichten. Der Philosoph Immanuel Kant (1724–1804) war durch die Wunderberichte äußerst beunruhigt, weil ihn offensichtlich »das Andere der Vernunft« in seiner gesamten Weltsicht und Lebensweise irritierte.[1] Wunderberichte beschäftigten ihn umso mehr, als er sie zwar für unhaltbar ansah, aber nicht wirklich widerlegen konnte. Dies gilt jedenfalls für seine so genannte vorkritische Phase, in der er noch selber im Rahmen der klassischen Metaphysik davon ausging, dass es eine jenseitige Welt gibt, die unserer rationalen Erkenntnis zugänglich ist. Daher widersprachen zwar die Berichte über angebliche Kontakte mit der Geisterwelt seinem aufklärerischen Vernunftglauben, entsprachen aber zugleich seiner metaphysischen Überzeugung.

Zu Kants Zeit erregten vor allem die Berichte des Stockholmer Naturwissenschaftlers und Bergassessors Emmanuel Swedenborg (1688–1772) über seine angeblichen Kontakte mit Geistern im Jenseits großes Aufsehen bei den einfachen Leuten. Während sich die meisten Gelehrten seiner Zeit erst gar nicht mit derartigen Wunderberichten beschäftigen wollten, bemühte sich Kant in seiner zwiespältigen Vernunftauffassung zu verstehen, was es mit Wundern auf sich haben könnte. Seine Irritation über angebliche Wunder geht auf das für ihn ungeklärte Verhältnis von empirischer und metaphysischer Erkenntnis zurück. Durch das Bacon-Projekt hatte zwar die empirische Erkenntnis oder das kausale Denken und neugierige Staunen über Naturentdeckungen durch ihren gesellschaftlichen Nutzen eine Aufwertung erfahren. Dadurch wurde aber das metaphysische Bedürfnis, über den Sinn des Ganzen, die Freiheit menschlichen Handelns, das Leben der Seele im Jenseits und über Gott eine vernünftige Antwort zu finden, nicht befriedigt. Für Bacon waren derartige Fragen zwar als persönliche Glaubenssache durchaus zulässig, wurden aber von seiner »neuen Wissenschaft« abgespalten. Metaphysik war persönliche Glaubenssache, aber für die Vernunft unzugänglich, bisweilen galt sie sogar als unsinnig. Im Schatten des Lichts der Aufklärung können daher Wunderberichte eines Swedenborg umso ungehinderter ihre Wirkung entfalten.

Ähnlich berichtet auch Walter Benjamin in seinen pädagogisch-aufklärerischen Rundfunkvorträgen für die Jugend in den Jahren 1929–1932 angesichts irrationalistischer Zeitströmungen über Cagliostro, der ähnlich wie Swedenborg mit seinen verschiedenen Wunderaktivitäten die Leute zu einem unkritischen Staunen brachte: »Er ist mit seinen Schwindeleien in ganz Europa nicht nur berühmt, sondern von Zehntausenden verehrt, fast für heilig gehalten worden, und sein Porträt war in zahllosen Kupfern, in Gemälden und Plastiken während der Jahre 1760–1780 verbreitet. Er hat also seine Geisterbeschwörungen, Wunderheilungen, Goldmacherkünste, Verjüngungskuren im sogenannten Zeitalter der Aufklärung getrieben, in einer Epoche, wo die Leute sich, wie ihr wißt, gegen alles überlieferte Fabelwesen besonders mißtrauisch zeigten, nur ihrem eigenen freien Verstande folgen zu wollen behaupteten.«[2]

Kants Vertrauen in die vernünftige Erklärung der Welt jedoch wurde durch die Aufsehen erregenden Wunderberichte Swedenborgs derartig infrage gestellt, dass er sich intensiv mit ihnen auseinander setzte und sogar eine Schrift *Träume eines Geistersehers, erläutert durch Träume der Metaphysik* (1766) darüber verfasste. Kant gesteht, dass er prinzipiell »sehr geneigt sei, das Dasein immaterieller Naturen in der Welt zu behaupten« (A 25). Als Grund hierfür spricht er vorsichtig und unbestimmt von wahrnehmbaren »Kräften, die das menschliche Herz bewegen«, von einem »geheimen Zug« oder einer »in uns empfundenen Nötigung«, unser Denken und Handeln insgesamt auf »eine Art von Vernunfteinheit« und »moralische Einheit« auszurichten (A 41f.). Ferner ist nach Kant »das Leben in der andern Welt nur eine natürliche Fortsetzung« einer derartigen Einheit der Seelen in dieser Welt (A 46). Schließlich hält Kant auch die Verbindung zwischen der diesseitigen und jenseitigen Geistergemeinschaft durchaus für konsequent, da das immaterielle Leben insgesamt nicht durch den Tod unterbrochen werde. Allerdings besteht Kant darauf, die Berichte über angebliche Kontakte mit einer jenseitigen Geisterwelt einer gründlichen Tatsachenüberprüfung zu unterziehen.

Mit seiner Forderung einer empirischen Überprüfung der Wunderberichte ist Kant offensichtlich von dem empiristischen Philosophen David Hume (1711–1776) beeinflusst, den er selber sehr schätzte. In seiner erkenntniskritischen Schrift *Eine Untersuchung über den menschlichen Verstand* (*An Enquiry Concerning Human Understanding*, 1758) widmet Hume dem Wunder einen längeren Abschnitt. Er definiert Wunder als »Überschreitung eines Naturgesetzes durch einen besonderen Willensakt der Gottheit oder durch Vermittlung einer unsichtbaren Wirkkraft«[3]. Von seinem empiristischen Ansatz her hält er allerdings Wunder nicht für möglich und erklärt den verbreiteten Hang zum Wunderglauben als psychologische Wirkung oder als »Affekt der Überraschung und der Verwunderung, der aus Wundern entsteht und eine angenehme Gemütserregung ist (…) Das geht so weit, daß selbst diejenigen, die sich nicht unmittelbar dieser Freude hingeben und auch nicht an jene wunderbaren Ereignisse, von denen man ihnen berichtet hat, glauben können, dennoch gerne aus zweiter Hand oder in einem Gefühlswandel an diesem Genuß teilnehmen und Stolz und Freude daran haben, das Staunen anderer zu erregen.«[4] Zum Staunen »aus zweiter Hand« zählt Hume vor allem die »wunderbaren Berichte Reisender« mit ihren »Beschreibungen von See- und Landungeheuern, ihre Erzählungen von wunderlichen Abenteuern, seltsamen Menschen und wilden Sitten«.[5] Während Hume den gewöhnlichen Affekt des Staunens und das Staunen »aus zweiter Hand« für nicht weiter bedenklich hält, kritisiert er das religiöse Staunen, insofern es jedenfalls zur Schwärmerei wird und keiner Realität entspricht: »Verbindet sich nun noch der religiöse Geist mit der Wunderliebe, dann ist der gesunde Menschenverstand am Ende, und menschliches Zeugnis verliert unter diesen Umständen alle Ansprüche auf Autorität. Ein frommer Mann kann ein Schwärmer sein und sich einbilden, etwas zu sehen, was keine Realität hat.«[6]

Kant teilte Humes Kritik an einem schwärmerischen Wunderglauben und untersuchte die Wunderberichte Swedenborgs auf ihren Realitätsgehalt. Insgesamt lagen ihm drei Berichte angeblicher Geisterkontakte vor, die ihm einigermaßen zuverlässig erschienen. Als ersten Fall berichtet er, wie eine Fürstin dem Wunderseher Swedenborg einen »geheimen Auftrag« übertragen und von ihm eine Antwort erhalten hat, die er »von keinem lebendigen Menschen« hatte bekommen können; dies habe sie »in das größte Erstaunen versetzt« (A 85). Der zweite Fall handelt von Madame Marteville, die mit Hilfe der Geisterkontakte Swedenborgs in einem Geheimfach ihres verstorbenen Mannes eine verloren gegangene Quittung wiederfand, mit der sie beweisen konnte, dass die Geldforderungen eines Goldschmiedes bereits von ihrem Mann beglichen worden waren. Drittens berichtet Kant, wie Swedenborg in Göteborg »Visionen« von einer Feuersbrunst im weit entfernten Stockholm mitteilte, die zwei Tage später von dort bestätigt wurde.

Alle drei Berichte hält Kant zwar für mehr oder weniger gut durch Augenzeugen bestätigt, kommt aber dennoch wegen der ihm äußerst wirr erscheinenden Argumente in Swedenborgs Werk *Arcana caelestia* zu dem vernichtenden Urteil: »Das große Werk dieses Schriftstellers enthält acht Quartbände voller Unsinn« (A 98). Seine Ablehnung von noch so gut bestätigten Wunderberichten illustriert Kant durch ein deftiges Zitat des »scharfsichtigen Hudibras«: »wenn ein hypochondrischer Wind in den Eingeweiden tobet, so kommt es darauf an, welche Richtung er nimmt, geht er abwärts, so wird daraus ein F-, steigt er aber aufwärts, so ist es eine Erscheinung oder eine heilige Eingebung« (A 72).

Trotz seiner Ablehnung der Wunderberichte Swedenborgs ist Kant allerdings mit seiner Wunderkritik nicht völlig zufrieden. Denn wenn Metaphysik möglich ist, ist auch Geisterseherei möglich. Nun ist aber Metaphysik möglich. Also ist auch Geisterseherei möglich. Für eine endgültige Widerlegung von Wundern und für die Überwindung seiner Angst vor Schwärmerei reicht ihm daher die Prüfung von Einzelfällen nicht aus, sondern erst die grundsätzliche Widerlegung metaphysischer Erkenntnis, die von vornherein Berichte über ein Jenseits ausschließt. Seine Angst vor einer unkritischen Schwärmerei konnte Kant erst zufrieden stellend überwinden, als er in der *Kritik der reinen Vernunft* (1781) mit seiner berühmten kopernikanischen »Revolution der Denkart« (B XI; vgl. B XVI) eine generelle Grenzbestimmung der menschlichen Erkenntnismöglichkeit unternahm. Danach können wir als raum-zeitlich begrenzte Wesen nicht die Gegenstände an sich jenseits von Raum und Zeit, sondern nur die allgemeinen Formen unseres Erkennens allgemein gültig und sicher erkennen und müssen uns mit empirischen, diesseitigen Erkenntnissen zufrieden geben. Der Grundsatz der rationalistischen Metaphysik, »alle unsere Erkenntnis müsse sich nach den Gegenständen richten«, muss daher nach Kant in den Grundsatz umgekehrt werden: »die Gegenstände müssen sich nach unserer Erkenntnis richten« (B XVI).

Mit der »Revolution der Denkart« verliert auch das Staunen über angebliche Wunder nach Kant jede vernünftige Basis. Dennoch sah er die Gefahr bloßer Schwärmerei auch weiterhin gegeben, wenn man nicht eine klare Grenze zwischen berechtigtem und unberechtigtem Staunen zieht. Besonders der Anblick des Sternenhimmels löst in der Geschichte des Denkens seit Thales und Platon ebenso wie im Alltag großes Staunen aus und führt leicht zur Annahme eines göttlichen Schöpfers oder anderer geheimnisvoller Kräfte. Auch Kant war vom Anblick des Sternenhimmels fasziniert, warnte aber im »Beschluß« seiner *Kritik der praktischen Vernunft* (1797) vor der Gefahr einer bloßen Schwärmerei. Allein in seiner Freiheit, moralisch zu handeln, hat der Mensch nach Kant Anteil an einer »intelligiblen« Welt, nicht aber durch die Erkenntnis eines göttlichen Kosmos im platonisch-aristotelischen Sinn.

Im »Beschluß« seiner vorkritischen Schrift *Allgemeine Naturgeschichte und Theorie des Himmels* von 1755 allerdings vertritt Kant noch selber die klassische Position eines metaphysischen Staunens über den Kosmos als Glückseligkeit der Seele. Er beschreibt in einem geradezu schwärmerischen Ton das Leben der unsterblichen Seele im Jenseits als kontemplatives Staunen über den Kosmos und kann sich in Übertrumpfung der antiken Metaphysik sogar ein kontemplatives Leben der Seele auf anderen Planeten vorstellen: »Sollte die unsterbliche Seele wohl in der ganzen Unendlichkeit ihrer künftigen Dauer, die das Grab selber nicht unterbricht, sondern nur verändert, an diesen Punkt des Weltraumes, an unsere Erde jederzeit geheftet bleiben? Sollte sie niemals von den übrigen Wundern der Schöpfung eines näheren Anschauens teilhaftig werden? Wer weiß, ist es ihr nicht zugedacht, daß sie dereinst jene entfernten Kugeln des Weltgebäudes, und die Trefflichkeit ihrer Anstalten, die schon von weitem ihre Neugierde so reizen, von nahem soll kennen lernen?« (A 198 f.). Eine Vorahnung des jenseitigen Staunens auf entfernten Planeten gibt nach Kant bereits das Staunen im Diesseits. Der »Anblick eines bestirnten Himmels, bei einer heitern Nacht«, führe zu »einer Art des Vergnügens, welche nur edle Seele empfinden« (A 200). Das kontemplative Staunen ist Lohn der »edlen Seele«, deren Existenz für Kant in seiner vorkritischen Phase ebenso rational erkennbar ist wie ihr Fortleben und wie die Schönheit des Kosmos als göttlicher Schöpfung.

Im »Beschluß« der *Kritik der praktischen Vernunft* dagegen rechnet Kant nach seiner erkenntniskritischen Wende offensichtlich mit seiner eigenen Angst vor einem schwärmerischen Staunen ab, das er zu seinem Unbehagen oder Entsetzen lange Zeit selber geteilt hatte. Daher liest sich der »Beschluß« seiner späteren Schrift wie ein direkter Widerruf des »Beschlusses« seiner früheren Schrift. Kants allgemeine *Kritik der reinen Vernunft* ist zugleich konkrete Selbstkritik. Das Problem des Staunens ist für Kant nicht nur ein erkenntnistheoretisches, sondern ein existenzielles Problem. In den viel zitierten Anfangssätzen aus dem »Beschluß« der *Kritik der reinen Vernunft* heißt es in einem pathetischen Ton existenzieller Betroffenheit: »Zwei Dinge erfüllen das Gemüt mit immer neuer und zunehmender Bewunderung und Ehrfurcht, je öfter und anhaltender sich das Nachdenken damit beschäftigt: der bestirnte Himmel über mir und das moralische Gesetz in mir.« Beides ist »mit dem Bewußtsein meiner Existenz« verknüpft und führt uns im weiteren Nachdenken unsere Stellung als Menschen in der Unendlichkeit von Raum und Zeit und in der »wahren Unendlichkeit« der geistigen Welt vor Augen: »Der erstere Anblick einer zahllosen Weltenmenge vernichtet gleichsam meine Wichtigkeit als eines tierischen Geschöpfs, das die Materie, daraus es ward, dem Planeten (einem bloßen Punkt im Weltall) wieder zurückgeben muß, nachdem es eine kurze Zeit (man weiß nicht wie) mit Lebenskraft versehen gewesen. Der zweite erhebt dagegen meinen Wert als einer Intelligenz unendlich durch meine Persönlichkeit, in welcher das moralische Gesetz mir ein von der Tierheit und selbst von der ganzen Sinnenwelt unabhängiges Leben offenbart.«

Nach Kants erkenntniskritischer Wende findet sich der Mensch weder in einem vorgegebenen Kosmos wieder, noch erkennt er sich selbst unmittelbar als Vernunftwesen. Vielmehr sind wir als Menschen raum-zeitlich begrenzte Wesen, die allein durch ihre Fähigkeit zu einem freien, moralischen Handeln über die Sinneswelt und ihre kausalen Zwänge hinausragen. Staunen ist nicht als naives Staunen über den Kosmos möglich, sondern allein als reflektiertes Staunen über den Kosmos unserer Vernunft. Daher betont Kant, darin in

Übereinstimmung mit Platon und Aristoteles, dass Staunen zwar den Anfang der Philosophie bilde, aber nicht mit ihr gleichzusetzen sei: »Allein Bewunderung und Achtung können zwar zur Nachforschung reizen, aber den Mangel derselben nicht ersetzen.« Vielmehr verändert sich das anfängliche unmittelbare Staunen durch das Nachdenken in ein reflektiertes Staunen. Nicht jedes Nachdenken aber, so kritisiert Kant die traditionelle Metaphysik und mit ihr die Geisterseherei oder andere »Schwärmereien«, führt zu einem angemessenen Staunen, sondern kann auch zu einem fehlgeleiteten Staunen führen: »Die Weltbetrachtung fing von dem herrlichsten Anblicke an, den menschliche Sinne nur immer vorlegen und unser Verstand in ihrem weiten Umfange zu verfolgen nur immer vertragen kann, und endigte – mit der Sterndeutung. Die Moral fing mit der edelsten Eigenschaft in der moralischen Natur an, deren Entwicklung und Kultur auf unendlichen Nutzen hinaussieht, und endigte – mit der Schwärmerei oder dem Aberglauben.«

Als Mittel gegen die Irrwege des Staunens hilft nach Kant im ersten Fall der Naturbeobachtung allein die mathematisch-empirische »Methode« der Forschung, die unumkehrbar fortschreite, etwa als Beobachtung gemäß der Gravitationsgesetze: »Der Fall eines Steins, die Bewegung einer Schleuder, in ihre Elemente und dabei sich äußernde Kräfte aufgelöst und mathematisch bearbeitet, brachte zuletzt diejenige klare und für alle Zukunft unveränderliche Einsicht in den Weltbau hervor, die bei fortgehender Beobachtung hoffen kann, sich immer nur zu erweitern, nie aber zurückgehen zu müssen fürchten darf.« Als Mittel für den zweiten Fall dagegen, die schwärmerische Moral als bloß subjektives Gefühl des Guten, fordert Kant »ein der Chemie ähnliches Verfahren, der S c h e i d u n g des Empirischen vom Rationalen«. Mit Hilfe des kategorischen Imperativs, so ist Kant überzeugt, lassen sich unsere subjektiven Maximen auf ihre Verallgemeinerungsfähigkeit hin prüfen und somit die bloß empirischen Annahmen von rational haltbaren Geboten »scheiden«.

Ebenso wenig wie die empirische Widerlegung des Wunderglaubens allerdings befriedigt Kant die metaphysische Widerlegung des Staunens über den Kosmos und die naturwissenschaftliche Erklärung des »Weltbaus«. Der Anblick des »bestirnten Himmels« übte weiterhin einen besonderen Reiz auf den Physiker und Philosophen Kant aus, der über ein anfängliches Staunen hinausging und sich auch durch die Erkenntnis der Verlorenheit des Menschen im Universum nicht verflüchtigte. Zwar darf er nach seiner erkenntniskritischen Wende nicht mehr naiv über das Universum als Kosmos staunen und ebensowenig in einem physikotheologischen Gottesbeweis von der Ordnung der Schöpfung auf Gott als ordnenden Schöpfer schließen. Aber genauso wenig wie sich Moralität und Freiheit als Faktum »hinwegvernünfteln« lassen (Grundlegung zur Metaphysik der Sitten, BA 115), lässt sich auch nicht das Staunen über den »bestirnten Himmel« als Faktum allein durch rationales Denken aus der Welt schaffen.

Unabhängig von seiner Metaphysikkritik und seiner Hochschätzung der naturwissenschaftlichen Methode lässt sich auch Kant das Staunen nicht nehmen. In der *Kritik der reinen Vernunft* beschreibt er in einer geradezu schwärmerischen Weise weiterhin das Universum als Kosmos: »Die gegenwärtige Welt eröffnet uns einen so unermesslichen Schauplatz von Mannigfaltigkeit, Ordnung, Zweckmäßigkeit und Schönheit, man mag diese nun in der Unendlichkeit des Raumes, oder in der unbegrenzten Teilung desselben verfolgen, dass selbst nach den Kenntnissen, welche unser schwacher Verstand davon hat erwerben können, alle Sprache, über so viele und unabsehlich große Wunder (…) unser Urteil vom Ganzen in ein sprachloses, aber desto beredteres Staunen auflösen muß« (A 622/B 650).

Sich einfach von seinen Eindrücken und Gefühlen hinreißen zu lassen hätte Kants rationalistischer Grundhaltung widersprochen. In der *Kritik der Urteilskraft* unternimmt Kant daher den Versuch, das »sprachlose« Staunen über die Natur diesseits metaphysischer Schwärmereien und jenseits empirischer Erklärungen zu begründen. Nach Kant erzeugt der Blick auf die Unendlichkeit der Welt vor allem mittels des Mikroskops und des Teleskops ein Gefühl des »Erhabenen«. Das Erhabene definiert er als »das, mit welchem in Vergleichung alles andere klein ist« (84). Erhabenheit ist für Kant gleichbedeutend mit dem Gedanken oder Idee der Unendlichkeit. Sie ist keine metaphysische oder teleologische, zweckgerichtete, sondern eine ästhetische Kategorie: »Wenn man also den Anblick des bestirnten Himmels e r h a b e n nennt«, müsse man ihn sich nicht »durch vernünftige Wesen bewohnt« oder in »sehr zweckmäßig für sie gestellten Kreisen« denken, »sondern bloß wie man ihn sieht, als ein weites Gewölbe, das alles befaßt«, in einem »ästhetischen Urteil« als Unendlichkeit sich vorstellen (118).

Nicht der Anblick des Unendlichen selbst, sondern der Gedanke oder die Beurteilung des Unendlichen als Unendliches ruft nach Kant Staunen hervor. Genauso müsse man auch beim »Anblick des Ozeans« diesen nicht zweckmäßig »denken«, etwa »als ein weites Reich von Wassergeschöpfen«, als »großen Wasserschatz« oder als etwas, das »die größte Gemeinschaft« unter den Weltteilen möglich macht; vielmehr »muß man den Ozean bloß, wie die Dichter es tun, nach dem, was der Augenschein zeigt, etwa wenn er in Ruhe betrachtet wird, als einen klaren Wasserspiegel, der bloß vom Himmel begrenzt ist, aber ist er unruhig, wie einen alles zu verschlingen drohenden Abgrund, dennoch erhaben finden können« (119).

Das Staunen über die Unendlichkeit der Phänomene und ihre ästhetische Beurteilung »nach dem, was der Augenschein zeigt«, ist für Kant weniger ein entzücktes, sondern ein entsetztes Staunen über das Chaos in der Welt. Gerade das Chaos ist es, das am meisten das Gefühl der Erhabenheit der Natur hervorruft, insofern sie »in ihrem Chaos in ihrer wildesten, regellosesten Unordnung und Verwüstung, wenn sich nur Größe und Macht blicken läßt, die Ideen des Erhabenen am meisten erregt« (78). Das Erschrecken angesichts der Unendlichkeit und des Chaos wird allerdings nach Kant durch die Vorstellung aufgefangen, über die erschrockene innere Natur und über die erschreckende äußere Natur durch das Vermögen der Urteilskraft »erhaben« oder überlegen zu sein.

Kant malt in geradezu poetischer Form den Anblick einer chaotischen Natur aus, deren Schrecken durch die Überlegenheit der Urteilskraft überwunden wird: Die »Verwunderung, die an Schreck grenzt, das Grausen und der heilige Schauer, welcher den Zuschauer bei dem Anblicke himmelansteigender Gebirgsmassen, tiefer Schlünde und darin tobender Gewässer, tief beschatteter, zum schwermütigen Nachdenken einladender Einöden usw. ergreift, ist bei der Sicherheit, worin er sich weiß, nicht wirkliche Furcht, sondern nur ein Versuch, uns mit der Einbildungskraft darauf einzulassen, um die Macht ebendesselben Vermögens zu fühlen, die dadurch erregte Bewegung des Gemüts mit dem Ruhestand desselben zu verbinden und so der Natur in uns selbst, mithin auch der außer uns, sofern sie auf das Gefühl unseres Wohlbefindens Einfluß haben kann, überlegen zu sein« (117).

Die Überlegenheit über die Natur »in uns selbst« und »außer uns«, die zugleich Bewunderung und Schrecken erregt, entspricht der stoischen Seelenruhe (tranquilitas animae) und inneren Unbewegtheit (Ataraxie) als Unabhängigkeit (Autarkie) von inneren und äußeren Einflüssen. Kants Idee des Erhabenen unterscheidet sich aber von der stoischen Seelenruhe darin, dass die überlegene Sicherheit des Menschen bei ihm nicht durch die unerschütterliche Stellung im göttlichen Kosmos garantiert ist, sondern durch das Urteilsvermögen der Vernunft selbst geleistet wird. Die Selbstsicherheit der Vernunft ist weder durch ein entzücktes noch durch ein entsetztes Staunen zu erschüttern. Indem wir die Unendlichkeit und das Chaos als »unendlich« beurteilen, sind wir nicht außer uns, sondern ruhen in unserer Vernunft und sind über jedes Entzücken und Entsetzen erhaben. Gemäß der »Revolution der Denkart« sind wir nicht von den Gegenständen, sondern diese sind von unserer Vernunft abhängig. Staunen als »Bewunderung, von der man sich nicht losreißen« kann, oder als »heiliger Schauer, den Abgrund des Übersinnlichen sich vor seinen Füßen eröffnen zu sehen«, wird nicht von den staunenswerten Gegenständen, sondern »nur durch die Vernunft angeregt« (Anthropologie in pragmatischer Hinsicht, B 218/A 219).

Während sich Kant in der *Kritik der praktischen Vernunft* aus der trostlosen Unendlichkeit unserer Existenz in Raum und Zeit in die Bewunderung des »moralischen Gesetzes in mir« geflüchtet hatte, sucht er in der *Kritik der Urteilskraft* das Staunen über die erschreckende Unendlichkeit durch das ästhetische Urteilsvermögen zu beruhigen. Damit ist für ihn die Flucht in eine metaphysische Schwärmerei über Geisterseherei oder einen göttlichen Kosmos überflüssig. Beide Mal aber, beim moralischen und beim ästhetischen Rettungsversuch des Staunens vor Schwärmerei, scheut Kant davor zurück, sich auf die Erfahrung des sinnlichen, phänomenalen Staunens oder auf übersinnliche, spirituelle Erfahrungen einzulassen, durch die er außer sich geraten könnte. Stattdessen rettet er sich in die Sicherheit vernünftigen Denkens. Kant streift zwar die Fesseln des metaphysischen Staunens ab, kann sich aber mit den Fesseln der Vernunft dem Entzücken und Erschrecken nicht vorbehaltlos hingeben und schneidet sich mit der rationalistischen Schere von möglicherweise bereichernden Erfahrungen ab. Durch nichts und niemand in der Welt lässt sich das autarke Vernunftwesen bei Kant außer Fassung bringen. Dass die Vernunft allerdings nicht wirklich Herr im eigenen Haus und keineswegs über alles erhaben ist, ahnte vermutlich auch Kant in seiner lebenslangen Angst vor Schwärmerei noch vor der Psychoanalyse Freuds.

VIII. Staunen als Kinderfrage

Sinn der Existenz bei Jaspers und Bloch

Wer die Gelegenheit hat oder sich einfach die Zeit nimmt, Kinder zu beobachten, bewundert oder bestaunt ihre Ausdauer und ihr neugieriges Staunen, wenn sie etwa ein Spielzeugauto, einen Luftballon, Sand, Wasser oder einen anderen Gegenstand betrachten und ausprobieren. Ihr staunendes »Oh!« malt sich auch wortlos auf ihren Gesichtern ab. Kinder sind Weltneulinge, Reisende in einem für sie fremden, faszinierenden und bedrohlichen Land. Für sie gibt es eine Menge zu sehen, zu hören, zu schmecken, zu fühlen, zu tasten und zu fragen, um sich in der Welt zurechtzufinden. Sie können – noch – einfach staunen, unvoreingenommen von metaphysischen, utilitaristischen, schwärmerischen, vernünftigen, wissenschaftlichen oder stumpfen Scheren im Kopf. Daher sind die staunenden Kinderaugen für viele Erwachsene in trauriger Sehnsucht ein Synonym für eine heile Welt, die ihnen selber versperrt ist. In der Tat sind Kinder – natürlicherweise – noch nicht durch die Deutungsmuster der Kultur verdorben, wie Rousseau kulturkritisch feststellt, sondern wachsen erst in eine von der Natur entfremdete Kultur hinein und orientieren sich in ihr durch ihr Neugierverhalten. Andrerseits sind sie in ihrer Natürlichkeit und Spontaneität den Deutungen der Erwachsenenwelt ausgesetzt und müssen deren Sprache verstehen lernen, um eine eigene Sprache und Sichtweise zu gewinnen. In Auseinandersetzung mit den vorfindbaren Phänomenen und vorgegebenen Deutungen führt das kindliche Staunen zu Fragen, die an das Staunen und Sichwundern als Anfang der Philosophie erinnern.

Kinder sind für Erwachsene Spiegel ihrer eigenen Kindheit als staunende Philosophen. Daher liegt der Versuch nahe, sich für eine Rückkehr des neugierigen Staunens am Vorbild des

Kinderstaunens zu orientieren. In Jostein Gaarders weltweit zum Bestseller avancierten Buch *Sofies Welt* etwa sorgt sich ein geheimnisvoller Briefschreiber, dass die vierzehnjährige Sofie Amundsen an der Schwelle zum Erwachsenwerden die Welt der Kindheit als Welt der Philosophie vergessen könnte. In ihrem kuschligen Höhlenversteck liest Sofie einen Brief ihres für sie bisher noch unbekannten Lehrers über das philosophische Staunen oder Sichwundern: »Habe ich schon gesagt, dass die Fähigkeit, uns zu wundern, das einzige ist, was wir brauchen, um gute Philosophen zu werden? Wenn nicht, dann sage ich das jetzt: DIE FÄHIGKEIT, UNS ZU WUNDERN, IST DAS EINZIGE, WAS WIR BRAUCHEN, UM GUTE PHILOSOPHEN ZU WERDEN. Alle kleinen Kinder haben diese Fähigkeit, das ist ja wohl klar. Nach wenigen Monaten werden sie in eine nagelneue Wirklichkeit geschubst. Aber wenn sie dann heranwachsen, scheint diese Fähigkeit abzunehmen. Woher kann das kommen? Kann Sofie Amundsen diese Frage beantworten?«[1]

Die Briefform erlaubt es dem Schreiber nur schwer, Sofie Gelegenheit zu geben, erst einmal selber über die Frage nachzudenken. Daher legt der Lehrer am Beispiel des Sprechenlernens kleiner Kinder zuerst seine eigene Antwort vor: »Wenn die ersten Wörter kommen, bleibt das Kind jedesmal stehen, wenn es einen Hund sieht, und ruft: ›Wau-wau!‹ Wir sehen, wie es in der Kinderkarre auf- und abhüpft und mit den Beinen herumfuchtelt: ›Wauwau! Wauwau!‹ Wir, die schon ein paar Jahre hinter uns haben, fühlen uns von der Begeisterung des Kindes vielleicht ein wenig überfordert. ›Ja, ja, das ist ein Wauwau!‹ sagen wir welterfahren, ›aber setz dich jetzt schön wieder hin.‹ Wir sind nicht so begeistert. (...) Aber lange bevor das Kind richtig sprechen lernt – oder lange bevor es philosophisch denken lernt –, ist die Welt ihm zur Gewohnheit geworden. Schade, wenn du mich fragst.« Sofie ist von dem Brief so beeindruckt, dass sie ihre Mutter kurz darauf ebenfalls zur Philosophie bekehren und sie testen will, ob auch ihr die Welt zur Gewohnheit geworden ist, und überfällt sie mit den philosophischen Fragen, die sie von ihrem Lehrer übernimmt: »Mama – meinst du nicht, daß es seltsam ist, zu leben?« Aber die Mutter findet die Fragen ihrer Tochter nicht philosophisch, sondern einfach wirr und macht sich schließlich Sorgen, dass sie vielleicht Rauschgift genommen haben könnte.

Zwar setzt Jostein Gaarders Briefschreiber keineswegs das Staunen als Sichwundern mit Philosophie gleich, sondern sieht darin lediglich die einzige Voraussetzung dafür, überhaupt mit dem Philosophieren zu beginnen. Dass aber weitere Fähigkeiten, wie konkretes Beobachten, genaues Denken und Sprechen, sich auf die Sichtweisen anderer einlassen oder den rechten Ton finden, hinzukommen müssen, wird an Sofies missglücktem philosophischen Therapieversuch an ihrer Mutter deutlich. Daher ist auch eine Rückkehr des Staunens als verblüfften Innehaltens und neugierigen Fragens nach Art der Kinder bestenfalls eine notwendige Bedingung dafür, mit dem Philosophieren zu beginnen. Ein fragloses Staunen der Erwachsenen über das Staunen der Kinder führt ebenso wenig zum philosophischen Nachdenken wie das fraglose Staunen selbst. Statt bloß nostalgisch an das kindliche Staunen als unverdorbenen Naturzustand des Menschen zu appellieren, ist daher zu fragen und zu klären, was das kindliche Staunen genauer ist und soll und inwiefern auch Erwachsenen ein kindliches Staunen, zusammen mit Kindern, anzuraten wäre.

Abgesehen von der philosophieinternen Bedeutung des neugierigen Staunens als Anfang der Philosophie ist das Staunen vor allem für die Entwicklung der Kinder unverzichtbar, etwa für ihren Spracherwerb. Das neugierige Staunen und der Spracherwerb lassen sich entweder als Prozess der Weltbemächtigung oder als Prozess eines offenen Weltumgangs verstehen. Im Sinne der Weltbemächtigung durch Begriffsbildung deuten beispielsweise die beiden Erlanger Philosophen Andreas Kamlah und Paul Lorenzen in ihrem Buch *Logische Propädeutik oder Vorschule des vernünftigen Redens* das Beispiel des »Wauwau«-«Lernens: »Sobald das Kind den Prädikator ›wau-wau‹ zu gebrauchen gelernt hat, begrüßt es freudig jeden Hund auf der Straße mit diesem Wort, während es vordem die Hunde gar nicht bemerkt hat. Am Kind wiederholt sich also in gewisser Weise die sprachliche Welterschließung des Menschen. Sie setzt sich fort in der Weltbemächtigung der Wissenschaft, der auch die Tiefsee nicht mehr unheimlich ist.«[2]

Durch die begrifflich-wissenschaftliche Sprache gerät das anfängliche Staunen des Kindes in den Bann des alles »begreifenden« Erwachsenen und Wissenschaftlers gemäß dem Bacon-Projekt, dem die Tiefsee und die Welt insgesamt weder unheimlich noch bewundernswert ist. Sprache kann aber auch, so die andere Alternative, einen offenen Weltumgang bedeuten und die Augen für eine bewundernswerte Welt öffnen. In einem fiktiven Brief des Lord Chandos an Francis Bacon (1902) schildert Hugo von Hofmannsthal, wie für den jungen Dicher die Wörter plötzlich ihre gewohnte Bedeutung verlieren. Statt sich weiterhin auf die Wörter und ihre festgelegte Beziehung zueinander zu fixieren, beachtet Lord Chandos plötzlich Dinge und Menschen, denen er vorher kaum Aufmerksamkeit geschenkt hatte: »eine Gießkanne, eine auf dem Feldweg verlassene Egge, ein Hund in der Sonne, ein ärmlicher Kirchhof, ein Krüppel, ein kleiner Bauernhof«. Die wortlos erblickten Dinge und Menschen lösen in ihm ein »Nachgefühl des Wundervollen«, eine »sonderbare Bezauberung« einer unbestimmten »Gegenwart der Liebe« aus. Lord Chandos' Staunen über kleine, unbedeutende Dinge vor ihm lesen sich wie eine Absage an Kants Entzücken und Entsetzen beim Anblick des fernen »bestirnten Himmels über mir«: »mein unbenanntes seliges Gefühl wird eher aus einem fernen, einsamen Hirtenfeuer mir hervorbrechen als aus dem Anblick des gestirnten Himmels.«[3]

Das wortlose Staunen verliert sich weder im unendlichen Universum noch in leeren Begriffsbeziehungen, sondern findet einen Halt in der konkreten Beziehungsfülle der Menschen und Dinge um uns. Auch Kindern und Erwachsenen geht es manchmal wie Lord Chandos, wenn sie sich fragen: »Ich sage immer wieder ›Stuhl, Stuhl, Stuhl …‹, und nachher weiß ich gar nicht mehr, was ich da sage, und was das ist, ›Stuhl‹« (so der neunjährige J.). Der Bruch mit alltäglichen Sprachgewohnheiten oder Redeweisen kann das fragende Staunen erneut und neu auf die Dinge und Menschen richten und vorher Unbedeutendes bedeutsam erscheinen lassen.

Die Bedeutung des kindlichen Staunens für die Sinnsuche betont auch der Psychiater und Existenzphilosoph Karl Jaspers (1883–1969). Während sich Erwachsene vielfach selbstvergessen in der gut funktionierenden Welt eingerichtet und die Sinnfrage abschließend beantwortet, und das heißt oft auch, als sinnlos abgetan haben, sind Kinder als Weltneulinge noch neugierig und zum Staunen über Unverstandenes und Ungewöhnliches fähig. Im Staunen von Kindern oder im kindlichen Staunen jenseits eingespielter Sprach- und Denkmuster sieht Jaspers den Anfang der Sinnfrage enthalten, wenn auch keineswegs bereits als Sinnfrage in ihrer existenziellen Tiefe. In der Äußerung eines Kindes beispielsweise »Ich versuche immer zu denken, ich sei ein anderer und bin doch immer wieder ich« sieht Jaspers die Frage nach dem »Seinsbewusstsein im Selbstbewusstsein«; die Frage zur biblischen Schöpfungsgeschichte ferner »Was war denn vor dem Anfang?« bedeutet für ihn die Erfahrung der »Endlosigkeit des Weiterfragens«; in der Behauptung »Wenn er (Gott) nicht wäre, dann wären wir doch gar nicht da« drücke sich das »Erstaunen des Daseins« aus; und die Bemerkung schließlich »Aber es muß doch etwas Festes geben können … dass ich jetzt hier die Treppe zur Tante hinaufgehe, das will ich behalten« versteht Jaspers als »hilflosen Ausweg« aus der »universalen Vergänglichkeit«.[4] Derartige Kinderfragen sind nach Jaspers Beleg für eine »Kinderphilosophie« im Sinne einer genuinen Philosophie von Kindern, die nicht herablassend als Philosophie für Kinder betrachtet werden kann: »Wer sammeln würde, könnte eine reiche Kinderphilosophie berichten. (…) Kinder besitzen oft eine Genialität, die im Erwachsenwerden verlorengeht. Es ist, als ob wir mit den Jahren in das Gefängnis von Konventionen und Meinungen, der Verdeckungen und Unbefragtheiten eintreten, wobei wir die Unbefangenheit des Kindes verlieren.«[5]

Jaspers fügt dem Staunen als dem erstem Schritt aus Platons Höhle weitere Schritte hinzu, die zu einem existenziellen Philosophieren als Befreiung führen.[6] Als Zweites komme der »methodische Zweifel« Descartes' als kritische Prüfung unseres vermeintlichen Wissens und als – vergebliche – Suche nach Gewissheit hinzu. Der »tiefere Ursprung« der Philosophie aber ist nach Jaspers, so drittens, die »Erschütterung des Menschen« in »Grenzsituationen«: »ich muss sterben, ich muss leiden, ich muss kämpfen, ich bin dem Zufall unterworfen, ich verstricke mich unausweichlich in Schuld.« Im normalen Alltag »vergessen« wir unsere höchst fragile menschliche Situation, und wenn wir sie wirklich erfassen und durchleben, verzweifeln wir. Erst im Zustand der Verzweiflung aber ist die »Wiederherstellung« eines ursprünglichen, fraglosen Zustands möglich, der nach Jaspers offensichtlich noch vor dem fragenden Staunen des Kindes liegt. Der von Jaspers erhoffte urprüngliche Zustand gleicht dem paradiesischen Zustand, in dem der Mensch noch nicht vom Baum der Erkenntnis gegessen hat und völlig eins ist mit der Welt und sich selbst: »wir werden wir selbst in einer Verwandlung unseres Selbstbewußtseins.«

Bei der Wiederherstellung unserer ursprünglichen Existenz gelte es allerdings mehrere Scheinlösungen zu durchschauen. Die Sehnsucht nach Sinn als Selbstsein steht in Gefahr, sich vorschnell zufrieden zu geben. Neben den normalen Schutzmechanismen, wie Wissenschaft und Technik, Gemeinschaft, und »Glaubwürdigem« verschiedener Art, etwa Heimat, Landschaft, Eltern, Verwandte, Gattin, Kunst, Literatur und Denken, sind nach Jaspers auch die bisherigen Antworten der Philosophie keine Lösung der existenziellen Erschütterung: weder die »zauberhafte Metaphysik« als Antwort auf das Staunen noch die »zwingende Gewißheit« als Antwort auf den

Zweifel, noch die stoische »unerschütterliche Haltung der Seele« als Überwindung der Grenzsituationen.[7] Vielmehr könne der Mensch erst in der »Kommunikation (...) von Existenz zu Existenz« zu sich selbst kommen.[8] In ihr können wir das »Umgreifende« jenseits einer Spaltung der Welt in Subjekt und Objekt erfahren, auch jenseits einer Spaltung der Menschen untereinander und in sich selbst.

Allerdings behauptet Jaspers nicht, dass wir mit der Erfahrung des »Umgreifenden« eine fraglose, durch nichts zu erschütternde Ruhe besitzen. Das Staunen als Sinnsuche beginnt mit den Fragen der Kinder und hört auch mit der wissenschaftlichen Welterklärung oder philosophischen Antworten der Erwachsenen nicht auf. Als Irritation unserer selbstverständlichen Sicht- und Lebensweisen ist das Staunen Voraussetzung für das lebenslange Loslassen von Scheinlösungen unserer existenziellen Erschütterung im Alltäglichen und in außerordentlichen Grenzsituationen und hält die Suche nach Sinn wach. Was die »Kommunikation« oder das »Umgreifende« ist, lässt sich nach Jaspers allerdings nur indirekt oder in Chiffren wie »Liebe« oder »Glaube« umschreiben, vergleichbar der Sprache der Mystik oder dem Stufenweg in Platons »Symposion« (siehe Kapitel III). Es lässt sich in Jaspers' religiöser Existenzphilosophie letztlich ebenso wenig in Begriffe fassen oder durch Denken begründen wie der »Sprung« zum christlichen Glauben bei Kierkegaard, das »Sein« bei Heidegger, die »Absurdität« bei Camus oder der »Ekel« bei Sartre.

Auch für Ernst Bloch (1885–1977) ist das Staunen von existenzieller Bedeutung für das Werden des Menschen. In seiner *Tübinger Einleitung in die Philosophie* entwickelt Bloch eine Philosophie des Staunens, die im Unterschied zu Jaspers keinen vor allem inneren Wandlungsprozess darstellt, sondern ein Selbstwerden in Auseinandersetzung mit Menschen und Dingen der Außenwelt. Bloch stellt das Staunen vom Kopf auf die Füße. Sein Grundthema ist die Utopie als Unterwegssein zum Noch-nicht-Sein, das sich in Tagträumen, in der Kunst oder in Alltagsphantasien als Prozess des Staunens äußert.

Das Staunen ist nach Bloch, hierin Jaspers verwandt, »ein Grundfragen des Existere«[9]. Die Menschen, so nimmt Bloch einen Grundgedanken von Marx auf, werden erst durch die Arbeit Menschen. Historisch folgt auf die Tätigkeit als Jäger, den Gebrauch des Feuers und die Herstellung von Werkzeugen zum unmittelbaren Überleben der »lange Atem des Untersuchenden« oder das Denken zum Zweck des längerfristigen Überlebens.[10] Allerdings ist für Bloch das Denken keineswegs nur ein nützliches Überlebensmittel, sondern auch der Versuch, in der Arbeit an den Dingen zu sich selbst zu kommen und zu werden, was man noch nicht ist.

Die historische Abfolge von Denken als Mittel des Überlebens und als Entfaltung des menschlichen Lebens ist zugleich eine grundsätzliche Bestimmung der Stufen des Denkens selbst. Das Denken als Selbstzweck schließlich ist eng mit dem Staunen verbunden, wie Bloch in deutlicher Anspielung auf den Beginn der aristotelischen *Metaphysik* behauptet: »Wie ein Fall am bequemsten zu denken, zurechtzulegen sei, der Ansatz hierzu ist nützlich, doch erschöpft sich damit nicht. Denn auch ein eigentlich grübelndes, ein nicht erschrecktes, sondern betroffenes Denken geht aus dem der Not an. Fragt dann, viel seltsamer erregt und gewiß auch viel Seltsameres sich einbildend, in das hinein, worin es nicht aus noch ein weiß. Verwundern also fängt an, heute noch unser bestes Teil.«[11] Im Staunen der Kinder sind Spuren einer Metaphysik als Arbeit am Sinn enthalten, und zwar »keiner statischen, wie bisher, wohl aber (…) einer viel ungenügsameren, offenen«[12]. Das Staunen einer offenen Metaphysik findet sich, wie Bloch ähnlich wie Jaspers überzeugt ist, bei Kindern noch natürlicherweise, aber auch noch in seltenen Fällen bei Erwachsenen: »Kindern ist dieser, wenn auch bei ihnen meist nur kurze Zustand natürlich, später wird er seltener, doch wenn er sich einfindet, desto lehrreicher und kostbarer.«[13]

Das Staunen entzündet sich an Alltagsdingen unserer jeweiligen Welt: »Gerade ganz einfache, sozusagen harmlose Eindrücke, dazu kurz dauernder Art, können das hier gemeinte

Staunen hervorrufen, den Ritz und Riß im üblichen, gewohnten Bemerken.«[14] Die »bekannte Kinderfrage« etwa »Warum ist etwas und nicht nichts?«, die Frage nach dem »Bewußtsein des *Ich*« oder »Was ist *Zeit*?« werde durch Unscheinbares veranlasst. Neben v. Hofmannsthals *Brief des Lord Chandos* nennt Bloch auch Knut Hamsuns *Pan* als Beispiel. Im Gespräch zwischen dem Mann und dem Mädchen lasse sich eine Fülle derartiger unscheinbarer Anlässe des Staunens als »Keim[s] alles Fragens« bemerken: »Die blaue Fliege, der einzelne Grashalm, ›er zittert vielleicht ein wenig und mich dünkt, das ist etwas: hier steht nun dieser Grashalm und zittert‹. Dazu die Fichte, ›sie hat vielleicht einen Zweig, der mir auch ein wenig zu denken gibt‹, und zuletzt, indem die ersten Regentropfen fielen, sagt das Mädchen gar: ›Ja, denken Sie nur, es regnet‹, und ging bereits.«[15] Würde man das »so seltsam betroffene Staunen des Hamsunschen Mädchens, daß es regnet«, in die empirische Frage übersetzen: »Wie entsteht Regen?«, wäre die metaphysische Frage der Existenz als empirische Frage zum Schweigen gebracht. Wir würden uns mit Erklärungen beruhigen, die wir selbst nicht wirklich verstehen. Wie entsteht Regen, als Nieselregen, als Wolkenbruch, als Dauerregen, als Platzregen, als Landregen? Und warum entsteht überhaupt etwas und ist nicht vielmehr Nichts? Erklären, Verstehen und Staunen bilden ein spannungsreiches, spannendes Miteinander existenzieller Suche nach Sinn: »alle einzelnen, jeweiligen, empirischen Fragestellungen (sind) Abwandlungen aus dem einen Anstoß der staunenden Grundfrage.«[16]

IX. Staunen als Faszination des Ekels

Nichtige Existenz bei Sartre

Das Staunen oder, neutraler gesagt, das Sichwundern über die Welt scheint sich in der Not der Daseinsbewältigung eher als Entsetzen über die bedrohliche Macht der unmittelbaren Natur einzustellen, weniger als Entzücken über ihre Schönheit und auch weniger als Vertrauen auf den Sinn der Welt und unserer Existenz. So drücken die Höhlenmalereien das Erschrecken und die Faszination gegenüber der Natur als ambivalente Erfahrung der Menschen mit den bedrohlichen und beglückenden Grundgegebenheiten ihres Daseins aus, mit Jagd und Beute, Erfolg und Niederlage, Leben und Tod. Sie sind ein Versuch, das entsetzte Staunen durch künstlerische und religiöse Rituale zu bannen. Dem Menschen ist allerdings nicht nur die umgebende Natur, sondern auch er selbst »unheimlich«, wie beispielsweise das Chorlied aus Sophokles' *Antigone* als frühes Kulturzeugnis belegt. In ihm sieht Hans Jonas eine »alte Stimme über des Menschen Macht und Tun, die in einem archetypischen Sinne selbst schon sozusagen eine technologische Note anschlägt«.[1] Daher beginnt er sein 1979 erschienenes Buch *Das Prinzip Verantwortung. Versuch einer Ethik für die technologische Zivilisation* mit den ersten Versen des Chorlieds:

> Ungeheuer ist viel, und nichts
> ungeheurer als der Mensch.
> Der nämlich, über das graue Meer
> im stürmenden Süd fährt er dahin,
> andringend unter rings
> umrauschenden Wogen. Die Erde auch,
> der Göttlichen höchste, die nimmer vergeht
> und nimmer ermüdet, schöpfet er aus

und wühlt, die Pflugschar pressend, Jahr
um Jahr mit Rössern und Mäulern.

Leichtaufmerkender Vögel Schar
umgarnt er und fängt, und des wilden Getiers
Stämme und des Meeres salzige Brut
mit reichgewundenem Netzgespinst –
er, der überaus kundige Mann.
Und wird mit Künsten Herr des Wildes,
des freien, schweifenden auf den Höhen,
und zwingt den Nacken unter das Joch,
den dichtbemähnten des Pferdes, und
den immer rüstigen Bergstier.

Die Rede auch und den luft'gen Gedanken und
die Gefühle, auf denen gründet die Stadt,
lehrt er sich selbst, und Zuflucht zu finden vor
unwirtlicher Höhen Glut und des Regens Geschossen.
Allbewandert er, auf kein Künftiges
geht er unbewandert zu. Nur den Tod
ist ihm zu fliehen versagt.
Doch von einst ratlosen Krankheiten
hat er Entrinnen erdacht.

So über Verhoffen begabt mit der Klugheit erfindender
                                        Kunst,
geht zum Schlimmen er bald und bald zum Guten hin.
Ehrt des Landes Gesetze er und der Götter
beschworenes Recht –
hoch steht dann seine Stadt. Stadtlos ist er,
der verwegen das Schändliche tut.

(Sophokles, Antigone, Vers 331–375)

Im Chorlied der *Antigone* schwingt im ambivalenten »Preis-
lied auf das Wunder des Menschen«[2] eine verhaltene Furcht
vor möglichen Grenzüberschreitungen des Göttlichen durch

den Menschen mit. Das Staunen des Menschen über sich selbst ist zugleich von der Furcht vor dem Göttlichen durchzogen, dem man nicht zu nahe treten darf. Die wunderbaren, göttlichen Fähigkeiten des Menschen und das Göttliche oder Heilige insgesamt sind zugleich das Unheimliche, Schreckenerregende, keineswegs nur das im positiven Sinne Bewundernswerte. »Das Heilige« ist vielmehr, wie der Religionswissenschaftler Rudolf Otto in seinem gleichnamigen Werk anhand zahlreicher Quellen belegt, zugleich das »Ungeheuerliche« oder das, »wobei uns ›nicht geheuer‹ ist, das Unheimliche, das heißt ein Numinoses. Und gerade dieses schier Unheimliche am Menschen meint Sophokles in jener Stelle.«[3] Das Heilige ist daher nicht nur Gegenstand eines entzückten, sondern auch eines entsetzten Staunens, »vor dem ich deshalb in erstarrendem Staunen zurückpralle«[4].

Staunen ist in der kulturellen Entwicklung der Menschen und im Leben jedes Einzelnen untrennbar mit der Erfahrung des Chaos der Welt und der eigenen Existenz verbunden. Die Erfahrung und Vorstellung der Welt als Kosmos und einer sinnvollen Existenz dagegen muss der Erfahrung des Chaos erst mühsam abgerungen werden. Die Zwiespältigkeit des Staunens zwischen dem Entsetzen über das Chaos und dem Entzücken über den Kosmos zeigt sich auch in den antiken Deutungsmustern der Welt. Die Vorstellung der Antike als einer einheitlichen Kosmosphilosophie widerspricht nicht nur den widerstreitenden Prinzipien Liebe und Hass bei Empedokles, der Mischung der Elemente bei Anaxagoras sowie Leukipps und Demokrits Welt als blindem Atomwirbel, sondern auch der Philosophie Platons, die im *Timaios* dem Chaos den Kosmos entgegensetzt.

Platons *Timaios* wiederum ist der Versuch, die mythologische Entstehung der Welt aus dem Chaos und die Bändigung der titanischen durch die olympischen Gottheiten in Hesiods *Theogonie* durch rationales Denken zu begründen. Bei Hesiod verkünden die göttlichen Musen dem sterblichen Menschen die Entstehung der Welt aus dem ursprünglichen Chaos, die sich als Polarität von Licht und Dunkel bis in die Kämpfe der Titanen und Olympier hinein durchzieht:

> Wahrlich, zuerst entstand das Chaos und später die Erde,
> Breitgebrüstet, ein Sitz von ewiger Dauer für alle
> Götter, die des Olymps beschneite Gipfel bewohnen
> Und des Tartaros Dunkel im Abgrund der Erde,
> Eros zugleich, er ist der schönste der ewigen Götter;
> Lösend bezwingt er den Sinn bei allen Göttern und
> Menschen
> Tief in der Brust und bändigt den wohlerwogenen
> Ratschluß.
> Aus dem Chaos entstand die Nacht und des Erebos Dunkel;
> Aber der Nacht entstammen der leuchtende Tag und der
> Äther.
>
> *(Hesiod, Theogonie, Vers 116–124)*

In Platons Schöpfungsmythos im *Timaios* entsteht die Ordnung der Welt ebenfalls aus dem Zustand einer ursprünglichen Unordnung: »Indem nämlich Gott wollte, daß alles gut und, soviel wie möglich, nichts schlecht sei, brachte er, da er alles Sichtbare nicht in Ruhe, sondern in ungehöriger und ordnungsloser Bewegung vorfand, dasselbe aus der Unordnung zur Ordnung, da ihm diese durchaus besser schien als jene« (Timaios 29e–f). Die Abfolge von Unordnung und Ordnung oder von Chaos und Kosmos ist bei Platon nicht nur kosmogonisch als Weltentstehung gedacht, sondern durchzieht nach dem geschichtsphilosophischen Mythos des »Politikos« als Dynamik auch den Gang der Welt. Die Weltgeschichte vollzieht sich periodisch in zwei entgegengesetzten Umläufen: »Dieses Ganze hilft auf seiner Bahn bisweilen Gott selbst mitführen und drehen, bisweilen läßt er es wieder los, wenn seine Umläufe das ihm gebührende Zeitmaß schon erlangt haben« (Politikos 269c). Die Welt ist nach Platon nicht durchweg ein göttlicher Kosmos, sondern führt wegen ihrer körperlichen, materiellen Verfassung notwendigerweise Verän-

109

derlichkeit oder Unordnung mit sich: »Sich immer einerlei und auf gleiche Weise zu verhalten und dasselbe zu sein, das kommt nur dem Göttlichsten unter allem allein zu; körperliche Natur aber steht nicht in dieser Ordnung. Was wir nun Himmel und Welt genannt haben, hat freilich vieles und Herrliches von seinem Erzeuger empfangen; indes ist es auch des Körpers teilhaftig geworden, daher ihm denn aller Veränderung schlechthin entledigt zu sein unmöglich ist« (269d–e).

Die von Kant beschriebene Erfahrung des Kosmos als unendlichen, schreckenerregenden Universums und der darin verlorenen Existenz (siehe Kapitel VII) ist eine uralte Menschheitserfahrung. Allerdings neigte die antike Philosophie eines Platon und Aristoteles deutlich dazu, am Ende alles gut sein zu lassen, und verstand die Welt insgesamt als Kosmos. Während bei Platon das Chaos vom Kosmos gebändigt wird, findet sich der neuzeitliche Mensch beim »Anblick des bestirnten Himmels über mir« in seiner Existenz hilflos wieder. Kant, der Physiker und Philosoph, hat damit als Erster die Konsequenz aus der kopernikanischen Wende für die menschliche Existenz gezogen. Wenn die Erde und der Mensch auf ihr nicht mehr im Mittelpunkt des geordneten Kosmos stehen, muss der Mensch auf der Erde seinen eigenen Stand finden. Das Staunen des Menschen hat seinen Gegenstand verloren und findet als Ersatzgegenstand nur sich selbst vor. Während Kant in der allgemeinen Moral- und Vernunftanlage des Menschen einen staunenswerten Wesenskern als Teilhabe am Ewigen festhalten will, findet die Existenzphilosophie mit dem Zweifel an einem ewigen Wesenskern des Menschen nichts Staunenswertes mehr an ihm, sie sieht den Menschen auf seine nackte, nichtige Existenz zurückgeworfen.

Die Angst und Verzweiflung als Reaktion auf die Nichtigkeit der eigenen Existenz beschreibt Søren Kierkegaard (1813–1855) als »Schwindel der Freiheit«, die den ergreift, »dessen Auge plötzlich in eine gähnende Tiefe hinunterschaut«.[5] Der Mensch ist in seinem Tun und Lassen an keine innere Bestimmung und Zielsetzung mehr gebunden, sondern alles ist in das eigene Belieben unendlicher Möglichkeiten gestellt. Aus der Angst vor der haltlosen Unendlichkeit der subjektiven Möglichkeiten der eigenen Existenz kann nach Kierkegaard allein der »Sprung« in den christlichen Glauben retten, allerdings ohne Gewissheit eines rettenden Heils.

Ähnlich zeigt sich auch nach Jaspers' Existenzphilosophie in Grenzsituationen »entweder das Nichts, oder es wird fühlbar, was trotz und über allem verschwindendem Weltsein eigentlich ist«[6]. Jaspers' Appell, sich dem »Umgreifenden« zu öffnen, ist eine geradezu verzweifelte »Trotz«-Reaktion gegen alle Erfahrungen der Nichtigkeit des Daseins, vergleichbar Kierkegaards »Sprung« oder dem ständigen Heraufrollen des Steins von Camus' Sisyphos. Während aber der Mensch nach Kierkegaard, Jaspers und Camus »trotz« aller Verzweiflung am Nichts eine Rettung aus dem Zweifel und der Verzweiflung am Sinn findet, entweder im christlichen oder allgemein religiösen Glauben oder im trotzigen Heroismus, findet der Mensch nach Sartres Existenzphilosophie keinen Ausweg aus seiner nichtigen Existenz. Vielmehr lösen sich alle festen Konturen der Dinge und des menschlichen Wesens auf. Das Staunen über sich und die Welt schlägt in Ekel um.

In seiner Absage an ein ewiges, staunenswertes Wesen des Menschen und der Dinge in der Welt radikalisiert Sartre die Philosophie Martin Heideggers (1889–1976). Die wahre Wirklichkeit ist für Heidegger nicht ein platonisches Wesen als »Idee«, sondern das »Sein«. Heidegger fragt nicht danach, was das wirkliche Sein oder Wesen des Seienden ist, sondern wie sich im Seienden das Sein selbst zeigt. In seinem Hauptwerk *Sein und Zeit* (1927) entfaltet Heidegger die Seinsfrage vom menschlichen Dasein aus, das von allem Seienden allein ein Seinsverständnis hat: »Das Dasein versteht sich selbst immer aus seiner Existenz, einer Möglichkeit seiner selbst, es selbst oder nicht es selbst zu sein.«[7]

Heidegger erhebt den Anspruch, in seiner Phänomenanalyse die Grundbestimmungen der Existenz als »Existenzialien« herauszuarbeiten, ohne damit eine Wertung verbinden oder

Existenzempfehlungen daraus ableiten zu wollen. Zu den Existenzialien gehört auch die »Neugier« als »uneigentliches« Sein des alltäglichen Daseins, die im Unterschied zum Staunen von ihm negativ bewertet wird. Dabei bezieht sich Heidegger auf Augustinus' Beschreibung der Neugier als bloßer Augenlust und Gier nach Neuem, ohne auf dessen metaphysisch-religiöse Kritik der Neugier einzugehen. Stattdessen fragt er: »Welche existenziale Verfassung des Daseins wird am Phänomen der Neugier verständlich?«[8] Nach Heidegger beschäftigt sich die Neugier nicht mit etwas, um »das Gesehene zu verstehen, das heißt in ein Sein zu ihm zu kommen, sondern nur um zu sehen«[9]. Da die Neugier nicht in Ruhe bei einem bestimmten Gegenstand verweilt, sondern sich in immer neue Möglichkeiten zerstreut und sich nirgendwo länger aufhält, kommen ihr, so Heidegger, als drei »Wesenscharaktere« das »Unverweilen«, die »Zerstreuung« und die »Aufenthaltlosigkeit« zu.

Eine derartig negativ charakterisierte Neugier grenzt sich nach Heidegger vom Staunen bei Platon und Aristoteles ab: »Die Neugier hat nichts zu tun mit dem bewundernden Betrachten des Seienden, dem thaumazein, ihr liegt nicht daran, durch Verwunderung in das Nichtverstehen gebracht zu werden, sondern sie besorgt ein Wissen, aber lediglich, um gewußt zu haben.«[10] Mit seiner Phänomenanalyse der Neugier als Gafferei und Voyeurismus beschreibt Heidegger zwar zutreffend eine wichtige Bedeutungsnuance, kann damit aber entgegen seinem Anspruch nicht ihre gesamte Bedeutungsfülle erfassen. Auch ist Heideggers Bestimmung der Neugier als einer der drei Existenzialien oder Grundbestimmungen des alltäglichen Daseins zwar nachvollziehbar und plausibel, aber nicht zwingend. Im »Gerede«, so die erste Bestimmung des alltäglichen Daseins, artikuliert sich die »Herrschaft der öffentlichen Ausgelegtheit«, die auch die Neugier steuert, indem »es sagt, was man gelesen und gesehen haben muß«[11]. Die vom Gerede gesteuerte Neugier ferner lässt unentscheidbar, »was in echtem Verstehen erschlossen ist und was nicht«[12], und weist damit auf die »Zweideutigkeit« als drittes Existenzial des alltäglichen Daseins hin.

Alle drei Existenzialien zusammen schließlich »enthüllen« das »Verfallen des Daseins« oder »die Bodenlosigkeit und Nichtigkeit der uneigentlichen Alltäglichkeit«.[13] Auch Heideggers weitere Analysen charakterisieren das Dasein in düsteren Tönen als »Sorge« und »Sein zum Tode«, das sich in der »Entschlossenheit« selbst frei wählt. Obwohl Heidegger seine Analysen in einem wertneutralen Sinne verstanden wissen will, bringt die Wahl seiner Ausdrücke eine negative Färbung mit sich. Daher wurde seine Existenzialanalyse zu Recht als Existenzerfahrung des Nichts verstanden. Entgegen seinem Anspruch, eine bloße Beschreibung der Grundstrukturen menschlicher Existenz zu geben, münden Heideggers Analysen in einen heroischen Appell zur »Entschlossenheit«. Genauso aber wie die wertende Beschreibung des alltäglichen, uneigentlichen Daseins bleibt auch der Appell zur eigentlichen Existenz inhaltlich beliebig auffüllbar. Innerhalb der beliebigen Existenz verliert auch das Staunen als positiv besetzter Gegenbegriff zur bloßen Neugier bei Heidegger jede inhaltliche Füllung.

Wenn daher Heidegger in seinem Vortrag »Was ist das – die Philosophie?« (1955) das Staunen an den beiden klassischen Stellen bei Platon (Theaitetos 155d) und bei Aristoteles (Metaphysik A 2) vor allem als »pathos« im Sinne einer »Stimmung« versteht, die nicht nur Anstoß, sondern durchgehender Grundzug der Philosophie als Erschlossenheit des Seins ist, bleibt das Staunen inhaltlich völlig unbestimmt: »Das pathos des Erstaunens steht nicht einfach so am Beginn der Philosophie wie z. B. der Operation des Chirurgen das Waschen der Hände vorausgeht. Das Erstaunen trägt und durchherrscht die Philosophie.«[14]

Auch wenn es Heidegger nicht gelingt und nicht gelingen kann, »die« Sprache und »die« Phänomene eindeutig zu bestimmen und unzweifelhaft aufeinander abzubilden, da wir über keine eindeutigen Kriterien der Sprachnormierung verfügen und die Phänomene nicht ohne das variable Netz der Sprache erfassen können, hat Heidegger durch seine Sprach- und Phänomenanalysen dennoch auf faktisch wirksame Deutungsmuster des Staunens und der Neugier aufmerksam gemacht, die unsere eigene Existenz betreffen. Heideggers Beobachtungen, dass wir uns häufig oder sogar meistens neugierig oder voyeurhaft von vorgefestigten Meinungen leiten lassen und dass wir ein nichts sagendes, inhaltsleeres Leben führen, sind zweifellos zutreffend, ebenfalls die Charakterisierung des Staunens als durchgehender »Stimmung« der Philosophie. Ob sich allerdings, wie Heideggers Existenzphilosophie suggeriert, aus derartigen Beobachtungen über Einzelzustände eine Gesamtdeutung »des« Daseins in seiner grundsätzlichen Nichtigkeit ableiten lässt, erst recht ein Aufruf zu einem »eigentlichen« Leben,[15] ist zweifelhaft.

Noch radikaler als Heidegger und in deutlichem Bezug auf seine Existenzialanalyse versteht Jean-Paul Sartre (1905–1980) die menschliche Existenz sowie die Welt insgesamt als nichtig. In seinem Hauptwerk *Das Sein und das Nichts* (*L'être et le néant*, 1943) unternimmt er, so der Untertitel, den »Versuch einer phänomenologischen Ontologie« der Existenz. Während Sartres Hauptwerk trotz einzelner faszinierender Phänomenanalysen ebenso wie Heideggers *Sein und Zeit* insgesamt ein Monument überaus gelehrter Philosophie darstellt, beschreibt sein früher Roman *Der Ekel* (*La nausée*, 1938) in literarischer Form, wie sich in einem konkreten Individuum das Gefühl des Nichts und schließlich des Ekels vor der Welt und seinem eigenen Dasein verdichtet. Insofern sich die Existenzanalyse auf die konkrete existenzielle Situation des Einzelnen bezieht, ist die literarische Form hierfür eher geeignet als die allgemeine Phänomen- und Begriffsanalyse. Inhaltlich empfiehlt sich der Roman im vorliegenden Zusammenhang vor allem deshalb, weil er die allmähliche Verschiebung vom Staunen als Bewunderung bei Platon zum Staunen als Faszination des Ekels als einen konkreten Prozess der Erfahrung nachzeichnet.

Sartre beschreibt in Form von Tagebuchaufzeichnungen des jungen Antoine Roquentin, wie sich bei ihm, ausgehend von alltäglichen Vorfällen, ein zunächst vages Unbehagen einstellt und wie es von ihm schließlich schlagartig als Ekel vor einer sinnlosen »Existenz« des Menschen begriffen wird, der an die Stelle der traditionellen humanistischen Bewunderung seiner sinnvollen »Essenz« als einem ewigen, göttlichen Wesen tritt. Dabei spielen bestimmte äußere Umstände für das vage und schließlich eindeutige Unbehagen nur eine untergeordnete Rolle, so etwa die Rückkehr nach Frankreich nach längerer Abwesenheit, berufliche Unsicherheit und eine Beziehungskrise. Zwar können einzelne krisenhafte Alltagssituationen ein derartiges Unbehagen zum Vorschein bringen, das Unbehagen am normalen Alltag kann sich aber jederzeit einstellen und bei unbedeutenden Anlässen hervorbrechen. Als Schlüsselszene wählt Sartre das Werfen und Hüpfen von Kieselsteinen über der Wasseroberfläche. Die Szene drückt einen sonst fraglos funktionierenden Umgang mit den Dingen aus, ebenso ein sonst fragloses Funktionieren der Dinge selbst. Ob damit auch eine geheime Sehnsucht nach einer fraglosen Existenz als Leichtigkeit des Seins (vergleichbar dem Hüpfen der Kieselsteine) mitschwingt, muss dem freien Spiel der Deutung überlassen bleiben.

Auf einem »undatierten Blatt« – die Szene könnte sich jederzeit, bei jedem und bei jedem Anlass zutragen – beginnt Roquentin mit der Überlegung, »sich nicht die Nuancen, die Kleinigkeiten entgehen zu lassen, auch wenn sie nach nichts aussehen, und sie vor allem einzuordnen«.[16] Das Sichwundern, so wird bei Roquentin im platonisch-aristotelischen Sinne deutlich, setzt mit dem neugierigen Aufmerksamwerden auf Kleinigkeiten ein und zielt auf ein Verstehen- oder Wissenwollen. Statt einzelner Gegenstände oder Menschen um ihn herum aber (»dieser Tisch, die Straße, die Leute, mein Tabakspäckchen … diese Pappschachtel, in der mein Tintenfaß ist«) beschreibt Roquentin die erwähnte Schlüsselszene, in die er selber verwickelt war und die ihm unerklärlich ist:

»Am Sonnabend schleuderten die Jungen flache Steine über das Wasser, und ich wollte wie sie einen Kiesel übers Meer hüpfen lassen. Im gleichen Moment habe ich es aufgegeben, ich habe den Kiesel fallen lassen und bin weggegangen. Wahrscheinlich habe ich einen verstörten Eindruck gemacht, denn die Jungen haben hinter meinem Rücken gelacht. Soweit das Äußere. Was in mir vorgefallen ist, hat keine klaren Spuren hinterlassen. Da war etwas, was ich gesehen habe und was mich angewidert hat, aber ich weiß nicht mehr, ob ich das Meer oder den Kiesel ansah. Der Kiesel war flach, auf einer Seite trocken, auf der anderen feucht und schlammig. Ich hielt ihn mit spitzen Fingern am äußersten Rand, um mich nicht schmutzig zu machen. (…) Jedenfalls ist sicher, dass ich Angst oder so etwas ähnliches gehabt habe. Wenn ich bloß wüsste, wovor ich Angst gehabt habe, wäre ich schon einen großen Schritt weiter.«[17]

In einem Oszillieren zwischen Phänomen- und Reflexionsbeschreibung versteht der junge Roquentin allmählich seine Angst als Ekel vor dem sinnlosen, bloßen Existieren der Dinge und seiner selbst sowie der anderen Menschen. Roquentins Unruhe und vage Angst wird nicht durch die Unendlichkeit des Meeres ausgelöst, über das der Kiesel hüpft, sondern durch die Berührung mit dem schlammigen, schmutzigen Kiesel. Im Gegensatz zur philosophischen Tradition von Platon bis Kant wird die menschliche Existenz bei Sartre von vornherein nicht in einem umfassenden, kosmischen Zusammenhang gesehen, sondern ist allein auf sich und seine konkrete Situation gestellt. Jedoch wird seine aufkommende Angst noch durch die Sicherheit der bürgerlichen Alltagsroutine beruhigt, wie Roquentin notiert: »Heute abend fühle ich mich wohl, ganz bürgerlich in der Welt aufgehoben.«[18] Wie das Schattenspiel an der Höhlenwand für die Gefangenen in Platons Höhlengleichnis ist für Roquentin das gewohnte und voraussagbare Kommen und Gehen der anderen Gäste des Hotels, in dem er wohnt, verlässlich und beruhigend, etwa die erwartete allwöchentliche Ankunft des »Herrn aus Rouen« im

Zimmer zwei des ersten Stocks: »Als ich ihn die Treppe habe heraufkommen hören, hat mir das einen kleinen Stich ins Herz gegeben, so beruhigend war es: was hat man von einer derart geregelten Welt zu befürchten? Ich glaube, ich bin geheilt.«[19]

Roquentins Beruhigung durch die Alltagsroutine hält nicht lange an, sondern diese beunruhigt ihn gerade in ihrer Selbstsicherheit. Roquentin wundert sich, dass sich andere nicht über die leere Alltagsroutine wundern, etwa die jungen Leute in einem Bistro: »Die jungen Leute verwundern mich (m'émerveillent): sie erzählen, während sie ihren Kaffee trinken, klare und wahrscheinlich klingende Geschichten. Wenn man sie fragt, was sie gestern gemacht haben, geraten sie nicht aus der Ruhe: sie informieren einen in zwei Wörtern. Ich an ihrer Stelle käme ins Stammeln.«[20] Roquentin fühlt sich in der Alltagroutine des »Geredes« (Heidegger) nicht mehr aufgehoben: »Ich bin allein mitten unter diesen fröhlichen und vernünftigen Stimmen. Alle diese Typen verbringen ihre Zeit damit, sich zu erklären, voller Glück festzustellen, daß sie derselben Meinung sind. Wie wichtig sie es nehmen, mein Gott, alle zusammen dasselbe zu denken.«[21]

Wenige Tage nach dieser Tagebucheintragung notiert der Schreiber zum ersten Mal seine vage Angst und sein Unbehagen aus der anfänglichen Schlüsselszene ausdrücklich als Ekel: »Jetzt begreife ich; ich entsinne mich besser an das, was ich neulich am Strand gefühlt habe, als ich diesen Kiesel in der Hand hielt. Das war eine Art süßliche Übelkeit. Wie unangenehm das doch war! Und das ging von dem Kiesel aus, ich bin sicher, das ging von dem Kiesel in meine Hände über. Ja, das ist es, genau das ist es: eine Art Ekel in den Händen.«[22] Der Ekel vor den Dingen ist zugleich das Gefühl der Sinnlosigkeit der eigenen Existenz, das sich bei Roquentin beim Blick in den Spiegel einstellt: »Das ist die Spiegelung meines eigenen Gesichtes. Oft, an diesen verpfuschten Tagen, sehe ich es lange an. Ich werde aus diesem Gesicht nicht schlau. (…) ich sehe leichte Zuckungen, ich sehe schales Fleisch, das ungezwungen schwillt und bebt. Die Augen vor allem sind aus dieser Nähe gräßlich. Das ist glasig, gallertartig, blind, rotgerändert, wie Fischschuppen, könnte man meinen. (…) ich nähere mein Gesicht dem Spiegel, bis es ihn berührt. Die Augen, die Nase und der Mund verschwinden: es bleibt nichts Menschliches mehr. Braune Falten zu beiden Seiten der fiebrigen Schwellung der Lippen, Schrunden, Maulwurfshügel.«[23]

Die metaphysische Selbsterkenntnis und Bewunderung des Menschen als Vernunft- und Moralwesen wird radikal in den Ekel vor dem »gräßlichen« Gesicht umgekehrt, genauso wie vorher der sorglose, vielleicht sogar erfreuliche Umgang mit den Dingen, beispielsweise mit dem Kiesel. Im Gespräch mit dem »Autodidakter«, der ihm mit seinem konventionellen Gerede über den Humanismus zunehmend unsympathisch wird, überträgt sich schlagartig der Ekel vor sich selbst auf alle Menschen: »Die Menschen. Man muß die Menschen lieben. Die Menschen sind bewundernswert (admirable). Ich möchte kotzen – und mit einem Schlag ist er da: der Ekel.«[24]

Plötzlich ist sich Roquentin dessen bewusst, dass sein Ekel in der bloßen, nichtigen Existenz der Welt und seines eigenen Daseins begründet ist, die für ihn jede Verankerung in einem ewigen Wesen (essentia), und sei es auch in Form bürgerlicher Konventionen, verloren hat. Jetzt versteht er die Formel in cartesianischer Klarheit und Evidenz, die er vorher einfach hingeschrieben hatte: »Nichts. Existiert.«[25] Er notiert: »Das also ist der Ekel: diese die Augen blendende Evidenz? Was habe ich mir den Kopf zerbrochen! Was habe ich darüber geschrieben! Jetzt weiß ich: Ich existiere – die Welt existiert –, und ich weiß, daß die Welt existiert. Das ist alles. Aber das ist mir egal. Merkwürdig, daß mir alles so egal ist: das erschreckt mich. Seit jenem berühmten Tag, als ich Steine übers Wasser hüpfen lassen wollte.«[26]

An die Stelle des metaphysischen Staunens über den göttlichen Kosmos und das vernünftige Dasein des Menschen tritt der Ekel vor der bloßen Existenz. Der Ekel wird nicht als allgemeines Gefühl begründet und analysiert, sondern leibhaftig von Roquentin erfahren und konkret beschrieben. An die Stelle des Bildes vom Menschen und dem »bestirnten Himmel über mir« tritt das Bild von Roquentin auf einer Parkbank und dem Wurzelgeflecht eines Kastanienbaums unter ihm. Roquentin fühlt seine Existenz unmittelbar mit der ekligen Masse der Wurzeln verbunden und wird dabei von einer Faszination erfasst, die dem ekstatischen Außer-sich-Sein bei Platon gleicht. Die Ästhetik des schönen Kosmos kehrt sich in eine »Ästhetik des Unästhetischen«[27] der konkreten Dinge und des Menschen um. Die »plötzliche« Einsicht in die staunenswerte Schönheit bei Platon (VII. Brief) ist in die »plötzliche« Faszination des Ekels bei Sartre umgeschlagen.

Damit schließt sich der Spannungsbogen des neugierigen Staunens zwischen Entzücken und Entsetzen, der von Platon bis Sartre reicht: »die Existenz hatte sich plötzlich enthüllt. Sie hatte ihre Harmlosigkeit einer abstrakten Kategorie verloren: sie war der eigentliche Teig der Dinge, diese Wurzel war in Existenz eingeknetet. Oder vielmehr, die Wurzel, das Gitter des Parks, die Bank, das spärliche Gras des Rasens, das alles war entschwunden; die Vielfalt der Dinge, ihre Individualität waren nur Schein, Firnis. Dieser Firnis war geschmolzen, zurückblieben monströse und wabblige Massen, ungeordnet – nackt, von einer erschreckenden und obszönen Nacktheit. (…) Dieser Moment war ungeheuerlich. Ich saß da, reglos und eisig, in eine entsetzliche Ekstase versunken. (…) Wie lange dauerte diese Faszination (fascination)? Ich war die Wurzel des Kastanienbaums. Oder vielmehr, ich war ganz und gar Bewußtsein ihrer Existenz. Noch losgelöst von ihr – da ich mir ihrer ja bewußt war – und dennoch in ihr verloren, nichts anderes als sie. Ein unbehagliches Bewußtsein, das sich dennoch mit seinem ganzen Gewicht, aus dem Gleichgewicht gebracht, auf dieses reglose Stück Holz sinken läßt.«[28]

X. Ethik des Staunens

Lebenskunst zwischen Verantwortung und Gelassen-heit

Das Nachdenken über das Staunen fördert im Gang durch die Geschichte der Philosophie vergessene oder von anderen überlagerte Deutungsmuster vielfältiger Art zutage. Das Nachdenken stößt aber nicht nur auf spannende und spannungsreiche Deutungsmuster, sondern auch auf kontroverse Wertungen, welche Bedeutung dem Staunen in unserem Leben zukommt oder zukommen sollte. Daher endet das Nachdenken über das Staunen in einer Ethik als Lebenskunst des Staunens. Als besonders nahe liegende und wichtige Fragen lassen sich dabei folgende drei hervorheben: Warum sollten wir überhaupt staunen oder eine Rückkehr des neugierigen Staunens anstreben? Was ist staunenswert, oder zu welchem Staunen sollten wir zurückkehren? Und wie können wir staunen oder erneut ins Staunen kommen?

Die erste Frage, warum wir überhaupt staunen oder eine Rückkehr des neugierigen Staunens anstreben sollten, scheint auf den ersten Blick bei einem spontanen Gefühl wie dem Staunen fehl am Platz zu sein. Entweder man staunt, oder man staunt eben nicht, anstreben dagegen kann man das Staunen ebenso wenig wie ein anderes Gefühl. Insofern allerdings das spontane Gefühl des Staunens auch von kognitiven Deutungsmustern geprägt ist, kann man es auch bewusst anstreben, formen und bilden. Analog zu einer Gefühlsbildung gibt es auch eine Staunensbildung, in der man bestimmte Möglichkeiten des Staunens zulassen, verstärken oder abblocken kann, wenn man erst einmal auf sie bei sich selbst aufmerksam geworden ist. Warum aber sollten wir unser Staunen bilden, und nach welchem Muster?

Die Frage verschärft sich dadurch, dass wir das Staunen weitgehend verlernt haben. Menschen, die aufgeklärt und wissenschaftsgläubig in einer »entzauberten Welt« oder abgestumpft in einer Welt des Medienzaubers und resigniert und zynisch in einer sinnlosen Welt leben, fällt es häufig schwer, sich durch Überraschendes – ob Schönes oder Schreckliches – irritieren zu lassen oder vielleicht sogar außer sich zu geraten. Man hat sich gegen alles und gegen jeden abgesichert. Staunen ist eher lästig und ein fauler Zauber. Wer sich für Faszinierendes und Unerklärliches, für Schönes und Entsetzliches, für Unerwartetes und Neues öffnet, gibt seine Selbstsicherheit preis. Er macht sich verletzlich und ist möglicherweise für ein normales, funktionierendes Leben nicht mehr so gut zu gebrauchen. Wer andrerseits nichts und niemanden an sich herankommen lässt, vertut die Chance, seine scheinbare Selbstsicherheit für eine mögliche Selbstbereicherung aufzugeben. Nützlich ist das neugierige Staunen sowieso, im Alltag nicht anders als in der Wissenschaft. Staunen ist aber auch und vor allem eine Quelle belebender Erfahrungen. Wer staunen kann und auf Neues, Unerwartetes in der Welt und in seinem Leben neugierig ist, durchbricht wie die Gefangenen in Platons Höhlengleichnis seine Alltagsroutine, überwindet eine lähmende Langeweile, öffnet sich überraschenden Eindrücken, erfährt bisher unbeachtete Sichtweisen ewig wiederkehrender Ereignisse und hat die Chance, über sein Leben in der Welt erneut nachzudenken und sich selbst neu zu orientieren.

Zweifellos kann das neugierige Staunen auch Zweifel und Verzweiflung zur Folge haben. Dennoch möchte im Grunde genommen niemand mit dem Kettenpanzer einer verengten Rationalität, mit einer bedrückenden Abstumpfung oder in zynischer Resignation in einem todesähnlichen Schlaf leben. Ob wir es wollen oder nicht, Staunen ist untrennbar mit dem menschlichen Dasein verbunden. Die Menschen haben schon immer in vielfältiger Weise gestaunt und werden trotz aller Scheren im Kopf und trotz aller Einschränkungen oder widrigen Lebensumständen auch weiterhin staunen, über allerlei

Kurioses, Sensationelles und Aufregendes, über das Chaos oder den Kosmos des Weltganzen, über die Absurdität oder Großartigkeit der menschlichen Existenz, über die Ungeheuerlichkeit und Größe des Menschen, über den Schrecken und die Herrlichkeit der Natur, über das Unheimliche und Heilige, über das Böse und das Gute und vor allem über die vielen Zwischentöne und Verästelungen eines aufgezwungenen Entweder-oder. Wie das menschliche Dasein hat auch das neugierige Staunen höchst unterschiedliche Facetten, als Innewerden mit dem Göttlichen, als Sinnenlust, als Zerstreuung, als Bewunderung und als Verwunderung, als nützliche Forscherneugier oder als Bereicherung des menschlichen Daseins im Alltag.

Die zweite zentrale Frage einer Ethik des Staunens ferner, was staunenswert ist und zu welchem Staunen wir zurückkehren sollten, ist ebenfalls nicht selbstverständlich. Sie widerspricht der Auffassung vom neugierigen Staunen über die Welt als Selbstzweck, wie sie in der antiken Philosophie vertreten wurde und bis in die moderne Wissenschaft und unseren Alltag hineinreicht. Staunenswert, so scheint es, ist die Welt insgesamt. Eine derartige Auffassung vom Staunen als Selbstzweck hängt allerdings von einer metaphysischen Voraussetzung ab, die wir heute kaum noch teilen. Nach Platon und Aristoteles ist das Staunen »Theorie« oder Schau des Göttlichen und Erfüllung des Menschseins in seinem gottähnlichen Wesen. Nach Wegfall dieser metaphysischen Voraussetzung dagegen muss man das Staunenswerte neu rechtfertigen.

Vor allem das neugierige Staunen der modernen Grundlagenforschung erliegt der Selbsttäuschung, ein fragloser Selbstzweck zu sein. Dass es aber letzten Endes als nützliches Mittel einem außerhalb ihrer liegenden Zweck dient, musste beispielsweise der Atomphysiker Max Born einsehen, als er auf seine Arbeit als Wissenschaftler zurückblickte: »Das Vergnügen an der naturwissenschaftlichen Forschung (…) besteht in dem Gefühl, in das Mysterium der Natur einzudringen, ein

Geheimnis der Schöpfung zu lüften und etwas Sinn und Ordnung in einen Teil der chaotischen Welt zu bringen. (...) Doch während meiner Lebenszeit ist die Naturwissenschaft eine Angelegenheit von öffentlichem Belang geworden, und der Standpunkt l'art pour l'art meiner Jugend ist jetzt überholt. (...) Wieweit auch immer die eigene Arbeit von einer technischen Anwendung entfernt ist, bedeutet sie doch ein Glied in der Kette von Handlungen und Entscheidungen, die das Schicksal des Menschengeschlechtes bestimmen. Dieser Aspekt der Wissenschaft kam mir in seiner vollen Auswirkung erst nach Hiroshima zum Bewusstsein.«[1]

Eine ähnlich ernüchternde, ja erschreckende Bilanz zieht auch der Physiker und Philosoph Carl Friedrich von Weizsäcker, einer der prominentesten Mitarbeiter am deutschen Kernreaktorprojekt während des Zweiten Weltkriegs, in der Rückschau auf sein neunzigjähriges Leben: »Mit dem Staunen haben wir begonnen, wir enden mit der Aufgabe.«[2] Von Weizsäcker waren die Folgen des anscheinend zweckfreien neugierigen Staunens nach der Entdeckung der Uranspaltung schnell klar: »Im Dezember 1938 entdeckte Hahn, in rein neugieriger Forschung, die Uranspaltung. Zwei Monate später verstanden rund zweihundert Kernphysiker rings auf der Erde, dass nun wohl Atombomben möglich sein werden.«[3]

Auf Grund seiner eigenen Erfahrungen mit dem Ende der Unschuld der naiv staunenden Forscherneugier hat von Weizsäcker seitdem unermüdlich auf die »Verantwortung der Wissenschaft« aufmerksam zu machen versucht.[4] Die Grundlagenforschung hat, wie gegenwärtig vor allem die Genforschung zeigt, möglicherweise schädliche Folgen und kann sich nicht selber von jeder Verantwortung freisprechen. Jeder einzelne Forscher ist »Glied in der Kette von Handlungen und Entscheidungen« (Max Born). Wie jede sonstige Handlung und Entscheidung ist daher auch die scheinbar zweckfreie Forschung in einer Güterabwägung am Prinzip Verantwortung zu messen, ohne dass man im Einzelfall zu einer zweifelsfreien Beurteilung kommen könnte. Aktuelle Beispiele wie die Diskussion, ob die Stammzellforschung für therapeutische Zwecke auch in Deutschland freigegeben werden sollte, zeigen die Schwierigkeit, die Grundlagenforschung verantwortlich zu regeln. Letztlich muss sich der Einzelne im konkreten Fall selbstverantwortlich entscheiden, was er zu tun und zu lassen hat.

Das Prinzip Verantwortung gilt nicht nur für die Forschung, sondern auch für das neugierige Staunen im Alltagsleben. Allerdings geht es hierbei weniger um die möglicherweise schädlichen Folgen, etwa um die Vernachlässigung sonstiger Pflichten oder die Verkümmerung anderer Fähigkeiten wie bei extremer Sammlerwut, ausufernder Theaterleidenschaft, dauerndem Verreisen oder einem anderen Hobby. Vielmehr ist bei dem alltäglichen Neugierverhalten zu prüfen, ob es als Gafferei oder Voyeurismus dem bestaunten Gegenstand gegenüber den nötigen Respekt entgegenbringt. Während das Staunen seinen Gegenstand in seinem Selbstwert oder Sosein anerkennt und respektiert, degradieren Gafferei und Voyeurismus das Bestaunte zum bloßen Objekt der subjektiven Schaulust. Statt sich in Details einer Landschaft, von Pflanzen oder von Tieren zu vertiefen und ihren Gesamtanblick zu genießen, hakt man Details und Sehenswürdigkeiten unbeeindruckt und programmgemäß ab, nicht um etwas zu sehen, sondern um es gesehen zu haben. Und statt den anderen Menschen zu bewundern und ihm mit Interesse oder auch Mitgefühl zu begegnen, glotzt man ihn bloß an. Auch das Entsetzen der Schaulustigen und des Katastrophentourismus genießt bloß das Gefühl, selber noch einmal davongekommen zu sein, ohne sich für das Schicksal der Opfer zu interessieren.

Wenn das Prinzip Verantwortung hinreichend beachtet ist und dem Gegenstand des Staunens der notwendige Respekt entgegengebracht wird, sind keinerlei sonstige Schranken oder Einschränkungen des neugierigen Staunens zu rechtfertigen. Im Gegenteil, sein Nutzen und Wert liegt gerade darin, dass es nicht vorweg durch Scheren und Bedenken verschiedenster Art eingeschränkt ist. Ein Staunen, das nur bestimmte Menschen, Dinge und Ereignisse in der Welt wahrnimmt, ist kein offener Blick auf die Welt, wie er vor allem im frühgriechischen Denken sichtbar wurde (siehe Kapitel II), sondern ein Blick mit Scheuklappen. Die möglichen Folgen der Forscherneugier verantwortlich einzuschätzen, bedeutet nicht, sie an einen kurzfristigen, absehbaren Nutzen zu binden, sonst würde sie keine wirklich neuen und möglicherweise nützlichen Entdeckungen machen können. Auf den Nutzen einer möglichst »freien« Forschung weist etwa der pragmatische Philosoph John Dewey hin: »Wer die Frage des Nutzens zum alleinigen Maßstab macht, der engt seinen Horizont so ein, daß er sich selbst den Weg versperrt. (...) Wirkungsvolles Handeln erfordert großzügiges und phantasiereiches Denken. Um die Schranken der Gewohnheit und Routine zu durchbrechen, muß zumindest genügend Interesse an geistiger Tätigkeit um ihrer selbst willen vorhanden sein.«[5] Daher ist neben dem Prinzip der Verantwortung und des Respekts als Drittes zu fordern, sich nach dem Prinzip der Vielfalt weitgehend uneingeschränkt auf mögliche Erfahrungen des Staunens einzulassen.

Ein selbstverantwortliches, respektvolles und vielfältiges Staunen steht im Kontrast zum Staunen nach dem aristotelischen Muster. Im Gegensatz zur Weltverachtung eines Augustinus oder Petrarca leugnet zwar auch Aristoteles nicht die Möglichkeit eines sinnlichen Staunens, unterscheidet aber niedrigere und höhere Formen des Staunens und lässt die Tendenz erkennen, die Staunen schon vorweg einengend bewertet. Bei Aristoteles verbinden sich mit den Stufen des Staunens hierarchische Abstufungen von Lebensformen, die seiner grundsätzlichen Bejahung der Sinneswelt widersprechen (Metaphysik I 1–2). Nach Aristoteles nimmt das metaphysische Staunen den höchsten Platz in der Bedürfnishierarchie im Leben des Einzelnen und der Polis oder der Gesellschaft ein. Nur dann wenn für das »Notwendige« zum Überleben und für das »Genussvolle« zum Wohlleben gesorgt ist, haben wir die »Muße«, uns dem zweckfreien Staunen als kontemplativer Schau des göttlichen Kosmos hinzugeben und somit ein gottgleiches Leben zu führen. Nach derselben Bedürfnishierarchie teilt Aristoteles auch die Lebensformen des Einzelnen und der Polis ein (Nikomachische Ethik I 3). Er schenkt, typischerweise für die Antike, der »banausischen« Lebensform der Handwerker (griech. banausos) kaum Beachtung, da sie bloß mit dem »Notwendigen« im sinnlichen Bereich der Daseinsfürsorge befasst sind. Lediglich die »kaufmännische Lebensform« wird von ihm erwähnt, und dies – wie ähnlich auch in seiner Anekdote über den ökonomischen Erfolg des Thales – mit der abschätzigen Bemerkung, eine derartige Lebensform habe »etwas Gewaltsames an sich«; Arbeit zum Gelderwerb dient aus der aristokratischen Sichtweise des Aristoteles nur fremden, von außen auferlegten Zwecken und ist nicht als Selbstzweck erstrebenswert. Für das Lebensnotwendige sorgen die anderen; nur die Besten, die genug Geist, Geld und Zeit besitzen, sind zur besten Lebensform fähig.

Abgesehen von der ausgeklammerten Lebensform, die das Lebensnotwendige besorgt, steht nach Aristoteles »das Leben des Genusses« an der untersten Stufe der Wertschätzung und wird von der »Mehrzahl der Leute und den rohesten« gewählt. Das »politische« Leben der »Ehre« ferner bildet die nächsthöhere Lebensform der »gebildeten und energischen Menschen«. Da die politischen Ehrungen aber ebenfalls kein Selbstzweck, sondern nur ein Mittel sind, sich Anerkennung bei Menschen zu verschaffen, die selber anerkennenswert sind, ist sie nur eine mittlere Lebensform zwischen bloßer Lusterfüllung und einem wirklich guten Leben. Die höchste und beste menschliche Lebensform schließlich ist »das betrachtende«, kontemplative Leben, das mit dem Erstaunen über Unerklärliches beginnt und im Bestaunen der höchsten, göttlichen Ursachen der Welt seine Vollendung findet. Im metaphysischen Staunen übersteigt der Mensch sein bloß sinnliches Dasein und bringt die göttliche Vernunft in sich zur Geltung.

Das aristotelische Paradigma eines schlechteren und besseren oder allein wertvollen Staunens durchzieht in verschiedenen Nuancen als Gegensatzpaar des unfrommen und frommen, banalen und wertvollen, schwärmerischen und vernünftigen, alltäglichen und existenziellen, entzückten und entsetzten Staunens die Mentalgeschichte des Staunens und bestimmt die Wissenschafts- und Alltagspraxis des Staunens und Nicht-staunens. Die Erfahrung der kulturellen Relativität von Lebensformen aber sowie politische Katastrophen und nicht zuletzt Freuds Psychoanalyse haben das Vertrauen in einen göttlichen Kosmos und in den Menschen als Vernunftwesen radikal erschüttert. Daher ist das aristotelische Staunenspara-digma mit einer starren Hierarchie der Lebensformen nicht mehr haltbar. Dennoch sind die aristotelischen Unterschei-dungen von Bedürfnissen und Lebensformen durchaus hilf-reich, wenn man sie jedenfalls nicht mehr vorweg hierar-chisch anordnet.

Aristoteles ist zweifellos zuzustimmen, dass für ein lebens-wertes Leben alles drei erforderlich ist: lebensnotwendige, lustvolle und zweckfreie Tätigkeiten oder Lebensformen. Allerdings ist in allen drei Lebensformen neugieriges Staunen möglich und legitim, nicht nur in der nach Aristoteles »höchsten« Lebensform. Nach dem Bacon-Projekt – und be-reits in einer Vorform bei Thales – ermöglicht das neugierige Staunen über Entdeckungen in der Welt die Verbesserung der menschlichen Wohlfahrt, indem es den wissenschaftlich-technischen Fortschritt vorantreibt und für das auch von Aris-toteles betonte Lebensnotwendige sorgt. Ferner entspricht ein Staunen als lustvolle Wahrnehmung von Neuem und Sonder-barem dem legitimen menschlichen Interesse an einem sinn-lich reizvollen Leben. Auch ein metaphysisches, spirituelles oder religiöses Staunen schließlich über das »Mysterium der Natur« oder das »Geheimnis der Schöpfung« (Max Born) ge-hört zum Grundbedürfnis des Menschen, die Enge seiner raum-zeitlichen Erfahrungswelt zu überschreiten. Keines der drei Deutungsmuster des Staunens jedoch kann für sich Anspruch auf Ausschließlichkeit, Dominanz oder Vollständigkeit erheben. Jedes ist für sich und im Zusammenspiel mit den anderen legitim. Erst eine umfassende Erfahrung des Staunens in allen drei Formen sichert das menschliche Überleben und macht es im vollen Sinne lebenswert, und dies nicht nur für eine Elite der Geburt, des Geldes oder des Intellekts, sondern für jeden.

Das Staunen kann außerdem, muss aber nicht zum Nachdenken oder zum Philosophieren führen. Philosophieren ist zwar nicht ohne Staunen als Anfang möglich, Staunen muss aber nicht Philosophieren zur Folge haben, wenn es vielleicht auch mit Philosophieren sinnvoller ist. Wir können beispielsweise den »bestirnten Himmel über mir« einfach sinnlich wahrnehmend bewundern, ohne ihn, wie Aristoteles, als Kosmos zu bestaunen oder ohne dabei, wie Kant, über die Verlorenheit des Menschen im Universum nachzudenken und in die Universalität des moralischen Gesetzes oder in die Erhabenheit des ästhetischen Urteils zu flüchten. Auch kann man die faszinierenden Wunder der Natur, angefangen vom subatomaren Bereich bis hinein in die Weite des Universums, staunend genießen,[6] ohne über die Welt insgesamt als Kosmos zu philosophieren, aber auch ohne sich bei aller Sinnlosigkeit und dem Schrecken in der Welt ihre Schönheit durch eine Philosophie des Ekels zu verleiden. Vielmehr ist beispielsweise Albert Schweitzers »Ehrfurcht vor dem Leben« genauso eine mögliche Ansicht der Welt wie Sartres Ekel vor der Existenz – rational zwingend dagegen ist keine von beiden: »Der Ungelehrte, der angesichts eines blühenden Baumes von dem Geheimnis des um ihn herum sich regenden Willens zum Leben ergriffen ist, ist wissender als der Gelehrte, der tausend Gestaltungen des Willens zum Leben unter dem Mikroskop oder im physikalischen und chemischen Geschehen studiert. (…) (Das Erleben) erfüllt mich mit Ehrfurcht vor dem geheimnisvollen Willen zum Leben, der in allem ist. Indem es mich denkend und staunend macht, führt es mich immer höher hinan auf die Höhen der Ehrfurcht vor dem Leben.«[7]

Die dritte Frage einer Staunensethik schließlich, wie wir staunen oder erneut ins Staunen kommen können, hat eine eher grundsätzliche und eine eher praktische Seite. Grundsätzlich ist eine Voraussetzung des Staunens die Haltung der Gelassenheit als Bereitschaft, die eigene Selbstsicherheit aufzugeben, etwa angestoßen durch unscheinbare Alltagserfahrungen, existenzielle Grenzsituationen oder spektakuläre Ereignisse. So hat beispielsweise das Erdbeben von Lissabon im Jahre 1755 den Optimismus einer ganzen Epoche erschüttert, in der von einem gütigen Gott gelenkten besten aller Welten zu leben. Ähnlich haben die Terroranschläge vom 11. September 2001 die Selbstgewissheit der westlichen Zivilisation irritiert, in einer unverwundbaren Welt des Fortschritts zu leben, und die Selbstverständlichkeit eines entzückten Staunens infrage gestellt. So hat der Komponist Karl-Heinz Stockhausen die Ereignisse des 11. September knapp eine Woche später folgendermaßen kommentiert:»Was da geschehen ist, ist – jetzt müssen Sie alle Ihr Gehirn umstellen – das größte Kunstwerk, das es je gegeben hat. Dass Geister in einem Akt etwas vollbringen, was wir in der Musik nicht träumen könnten, dass Leute zehn Jahre üben wie verrückt, total fanatisch für ein Konzert und dann sterben. Das ist das größte Kunstwerk, das es je gab für den ganzen Kosmos. (…) Manche Künstler versuchen doch auch, über die Grenze des überhaupt Denkbaren und Möglichen zu gehen, damit wir wach werden, damit wir uns für eine andere Welt öffnen.«[8] Auch wenn Stockhausens Kommentar eine Sensibilität für das Entsetzen über den Terroranschlag vermissen lassen mag, macht er provozierend darauf aufmerksam, dass nicht nur die Schönheit, sondern auch der Schrecken Anlass zum Staunen sein kann, auch zum Staunen über den »unheimlichen« Menschen wie bereits im Chorlied der *Antigone* (siehe Kapitel IX).

Neben allgemeinen Prinzipien brauchen wir allerding auch konkrete Maximen einer Lebenskunst des Staunens, um in der Vielfalt der Möglichkeiten das jeweils richtige Staunen herausfinden und einüben zu können. In Orientierung am sokratischen Philosophieren als Beratungsprozess[9] lassen sich etwa folgende Maximen unterscheiden:

1) Die Lebenskunst des Staunens beginnt damit, dass man über sein bisheriges Nicht-Staunen oder Staunen stolpert und sich der Erfahrung des Staunens erneut öffnet: »Oh!«

2) Das eigene Staunen muss auf die Ablehnung und das Unverständnis anderer gefasst sein: »Was gibt's denn da zu staunen!?«

3) Die Konfrontation der eigenen Erfahrung des Staunens mit den Erfahrungen anderer führt zu der Frage: »Was ist eigentlich Staunen?«

4) In Auseinandersetzung mit anderen und durch die Beschäftigung mit der Philosophiegeschichte erfahren wir: »Welche Ansichten oder Deutungsmuster des Staunens gibt es?«

5) Die Beschäftigung mit den unterschiedlichen Ansichten ist mit der kritischen Frage verbunden: »Welches Staunen ist richtig?«

6) Das Kennenlernen und Prüfen der unterschiedlichen Ansichten erweitert unseren Horizont und korrigiert eingeengte Sichtweisen, ohne mit einer festen Definition abzuschließen: »Dies alles kann Staunen auch sein!«

7) Das Nachdenken über das Staunen ist bereits selber eine praktische Übung im Staunen: »So ist Staunen!«

8) Beides ruft vergessene oder verdrängte Träume wach: »So möchte und kann ich leben!«

9) Das Nachdenken und Einüben des Staunens zielt zuletzt auf das wortlose Staunen, mit dem wir begonnen haben: »Oh!«

10) Das Staunen, Nachdenken und erneute Staunen kommt an kein definitives Ende: »Es gibt immer wieder etwas neu und erneut zu staunen!«

Anmerkungen

I. »Was gibt's denn da zu staunen?«
Eine Rückkehr zur Lust am Erkennen

1 Max Weber, Wissenschaft als Beruf (1919). Stuttgart 2002, S. 33, S. 19; vgl. zur Entzauberung der Welt als religionssoziologische Kategorie ders., Die protestantische Ethik und der Geist des Kapitalismus. II. In: ders., Gesammelte Aufsätze zur Religionssoziologie, Bd. 1, Tübingen 1920, S. 94 f., S. 114, S. 513.

2 Geert Keil, Quine. Zur Einführung. Hamburg 2002, S. 21.

3 Siegfried Lenz, Die älteste Einwohnerin im Orte. In: ders., Der Geist der Mirabelle. Geschichten aus Bollerup. München 1979, S. 95, S. 96 f.

4 Siehe Lorraine Daston / Katharine Park, Wunder und die Ordnung der Natur 1150–1750. Frankfurt/M. 2002 (engl. 1998); vgl. Lorraine Daston, Wunder, Beweise und Tatsachen. Zur Geschichte der Rationalität. Frankfurt/M. 2001.

5 Siehe unter »Staunen, Bewunderung, Verwunderung« (E. Jain / T. Trappe) in: Joachim Ritter / Karlfried Gründer (Hrsg.), Historisches Wörterbuch der Philosophie. Bd. 10. Darmstadt 1998, Spalte 116–126.

6 Hermann Koller, Theoros und Theoria. In: Glotta 36 (1958), S. 273–286; vgl. Hans Joachim Mette, ›Schauen‹ und ›Staunen‹. In: Glotta 39 (1961), S. 49–71.

7 Siehe unter » Neugierde« (G. Müller / P. Probst / U. Schönpflug) in: Historisches Wörterbuch der Philosophie. a. a. O., Bd. VI, Spalte 732–742.

8 Vgl. Lorraine Daston, Die Lust an der Neugier. In: Klaus Krüger (Hrsg.), Curiositas. Welterfahrung und ästhetische Neugierde in Mittelalter und früher Neuzeit. Göttingen 2002, S. 153, Anm. 2.

9 Daston, a. a. O. (Siehe Anm. 4).

10 Cicero, Tusculanae disputationes III 14, 30; Horaz, Epistulae I, 6, 1 f.

11 Kant, Kritik der reinen Vernunft B 75/A 51.

12 Keine Philosophie des Staunens, sondern eine Einführung in das
Staunen oder Denken der Philosophie findet man bei Jeanne
Hersch, Das philosophische Staunen. Einblicke in die Geschichte
des Denkens. München/Zürich 1981; siehe auch Albert von
Schirnding, Am Anfang war das Staunen. Über den Ursprung der
Philosophie bei den Griechen. München 1978; ferner Stefan Ma-
tuschek, Über das Staunen. Eine ideengeschichtliche Analyse.
Tübingen 1991; schließlich auch Hans Blumenberg, Der Prozeß
der theoretischen Neugierde. Frankfurt/M. 1973.

II. Staunen als Anschauen
Der neugierige Blick auf die Welt bei Homer, Solon und Thales

1 Stellennachweise bei Hans Joachim Mette, »Schauen« und »Staunen«, a. a. O. (Anm. 6, Kap. I).

2 Homer, Ilias. Übers. Roland Hampe. Stuttgart 1979, S. 11.

3 Übers. R. Hampe, a. a. O., S. 484.

4 Siehe Ekkehard Martens, Zwischen Gut und Böse. Elementare
Fragen angewandter Philosophie. Stuttgart 1997, S. 213–215.

5 Siehe zu Emmanuel Levinas' Philosophie des Antlitzes des Anderen Ekkehard Martens (Hrsg.), Ich denke, also bin ich. Grund-
texte der Philosophie. Eingeleitet und kommentiert. München
2000, Text 35.

6 Wolfgang Schadewaldt, Die Anfänge der Philosophie bei den
Griechen. Die Vorsokratiker und ihre Voraussetzungen. Frank-
furt/M. 1978, S. 54.

7 Herodot, Geschichten. Übers. F. Lange (1811/12). Frankfurt/M.
1961, S. 12.

8 Gerhard Wirth (Hrsg.), Griechische Lyrik. Von den Anfängen bis
zu Pindar. Griechisch und deutsch. Reinbek bei Hamburg 1963,
S. 95 f. (Fragment 1, Übers. Preime).

9 Hermann Koller, Theoros und Theoria, a. a. O., S. 285 f., S. 282,
S. 283 (Anm. 6, Kap. I).

10 Hans Blumenberg, Das Lachen der Thrakerin. Eine Urgeschichte
der Theorie. Frankfurt/M. 1987, S. 13.

11 Platon, Theätet. Griechisch/Deutsch. Übersetzt und herausgegeben von Ekkehard Martens, Stuttgart 1981, S. 107.

12 Aristoteles, Politik. Übers. Eugen Rolfes. Hamburg 1958, S. 25.
13 Siehe Geoffry S. Kirk / John E. Raven / Malcolm Schofield, Die vorsokratischen Philosophen. Einführung, Texte und Kommentare. Stuttgart 1994 (engl. 1957, 1983), bes. S. 84–108.

III. Staunen als Wissenwollen
Der Anfang der Philosophie bei Platon und Aristoteles

1 Wilhelm Capelle (Hrsg.), Die Vorsokratiker. Stuttgart 1963, S. 378 f.
2 Platon, Charmides. Griechisch/deutsch. Übersetzt und herausgeben von Ekkehard Martens. Stuttgart 2000 (zuerst 1977), S. 7.
3 Vgl. Oskar Becker, Die Grundlagen der Mathematik in geschichtlicher Entwicklung. Freiburg/München 1964, S. 34–36; ferner Ekkehard Martens, Die Sache des Sokrates. Stuttgart 1992, S. 96–98.
4 Vgl. Ekkehard Martens, Sokratisches Lernen als »Erinnerung an einen vergessenen Traum«. In: Hans Werner Ingensiep / Anne Eusterschulte (Hrsg.), Philosophie der natürlichen Mitwelt. Würzburg 2002, S. 49–57.
5 Aristoteles, Metaphysik. Übers. von Hermann Bonitz. Reinbek bei Hamburg 1966, S. 13 f. (im ersten Satz wurde statt »Verwunderung« die wörtliche Übersetzung »Staunen« vorgezogen).
6 Gemeint sind beispielsweise Daidalos' Plastiken, die wegen ihrer geöffneten Augen und getrennten Füße lebendig wirkten und zu laufen schienen (vgl. Platon, Euthyphron 11b–e), jedenfalls im Unterschied zu den plumpen, steifen Figuren der archaischen Kunst.
7 Nicht alle Zahlen lassen sich als ganzzahlige Proportionen darstellen, z. B. nicht die Wurzel aus 2, aus 3, aus 5. Für die Pythagoreer, die eine Weltdarstellung in Form ganzer Zahlen und Zahlenverhältnisse versuchten, war dies die Entdeckung einer schockierenden Irrationalität. Platons Lösung bestand darin, derartige »irrationale« Zahlenverhältnisse geometrisch darzustellen, etwa im Sklavengespräch des Dialogs *Menon* (82b–85b).
8 Aristoteles, Über die Welt. Übersetzt und kommentiert von Otto Schönberger. Stuttgart 1991, S. 3 f.

IV. Staunen als Gottesdienst
Unfromme und fromme Neugier bei Augustinus

1 Augustinus, De vera religione. Über die wahre Religion. Lateinisch/deutsch. Übers. Wilhelm Thimme. Stuttgart 1983.

2 Augustinus, Bekenntnisse. Übersetzt von Joseph Bernhart. Frankfurt/M. 1955.

3 Vgl. zu dieser Unterscheidung im Neuplatonismus bei Plotin und Proklos den Artikel von E. Jain / T. Trappe zum Stichwort »Staunen, Bewunderung, Verwunderung«, a. a. O., Spalte 117 f. (siehe Anm. 5, Kapitel I).

4 Den Zusammenhang von »curiositas« und »cura« stellt bereits Cicero her (Tusculanae disputationes I 44).

5 Vgl. Stefan Matuschek, Über das Staunen. Eine ideengeschichtliche Analyse. Tübingen 1991, S. 53 ff.

6 Vgl. Matuschek, Über das Staunen, a. a. O., S. 55 (siehe Anm. 12, Kapitel I).

7 Vgl. Lorraine Daston, Die kognitiven Leidenschaften: Staunen und Neugier im Europa der frühen Neuzeit. In: dies., Wunder, Beweise und Tatsachen. a. a. O.(siehe Anm. 4, Kapitel I) S. 82.

V. Staunen als Sinnenlust
Petrarcas Besteigung des Mont Ventoux

1 Francesco Petrarca, Die Besteigung des Mont Ventoux. Lateinisch/deutsch. Übersetzt und herausgegeben von Kurt Steinmann. Stuttgart 1999 (die Ziffern geben die Abschnitte an).

2 Arnd Brummer, Berg der Leiden im Paradies. In: Chrismon (August 2001), S. 39.

3 Jean-Henri Fabre, Das offenbare Geheimnis. Aus dem Lebenswerk des Insektenforsachers. Übersetzt und herausgegeben von Kurt Guggenheimer und Adolf Portmann. Frankfurt/M. 1977, S. 108 f. (zitiert in Kurt Steinmanns Nachwort zur Petrarca-Ausgabe, a. a. O., S. 52).

4 In: Volker Caysa / Wilhelm Schmid (Hrsg.), Reinhold Messners Philosophie. Frankfurt/M. 2002, S. 198.

5 Messner, a. a. O., S. 31.

6 Messner, a. a. O., S. 30.

VI. Staunen als Weltbemächtigung
Das neuzeitliche Forschungsideal bei Bacon

1 Francis Bacon, Neues Organon. Lateinisch-deutsch. Hrsg. Wolfgang Krohn. Übers. Rudolf Hoffmann. 2 Bde. Hamburg 1999.

2 Max Horkheiner / Theodor W. Adorno, Dialektik der Aufklärung. Frankfurt/M. 1969 (zuerst 1944), S. 8.

3 Lothar Schäfer, Das Bacon-Projekt. Von der Erkenntnis, Nutzung und Schonung der Natur. Frankfurt/M. 1993, S. 96.

4 Bacon, a. a. O., S. 231.

5 Carl Friedrich von Weizsäcker, Die Einheit der Natur. München 1971, S. 115.

6 Vgl. Engelhard Weigl, Instrumente der Neuzeit. Die Entdeckung der modernen Wirklichkeit. Stuttgart 1990, S. 17.

7 Zitiert nach: Weigl, a. a. O., S. 81.

8 Francis Bacon, Neu-Atlantis. In: Der utopische Staat. Hrsg. Klaus J. Heinisch. Reinbek bei Hamburg 1960, S. 205.

9 Bacon, a. a. O., S. 213.

10 Lorraine Daston / Katharine Park, a. a. O. (Anm. 4, Kapitel I), S. 253.

11 Zitiert nach: Daston/Park, a. a. O., S. 253.

12 Daston/Park, a. a. O., S. 253.

13 Bacon, Neu-Atlantis, a. a. O., S. 205–212.

14 Jonathan Swift, Gullivers Reisen. Übers. von Franz Kottenkamp. Frankfurt/M. 1974, S. 253.

15 Swift, a. a. O., S. 253–259.

16 Thomas Hobbes, Leviathan. Übers. Dorothee Tidow. Reinbek bei Hamburg 1965, S. 43.

17 Hobbes, a. a. O., S. 43.

18 In: ders., Vom Weltbild des Verhaltensforschers. München 1968, S. 69–78.

19 Lorenz, a. a. O., S. 74.

VII. Staunen als Idee des Erhabenen
Kants Angst vor Schwärmerei

1 Hartmut Böhme/Gernot Böhme, Das Andere der Vernunft. Zur Entwicklung von Rationalitätsstrukturen am Beispiel Kants. Frankfurt/M. 1983.
2 Walter Benjamin, Aufklärung für Kinder. Rundfunkvorträge. Hrsg. von Rolf Tiedemann. Frankfurt/M. 1985, S. 133.
3 David Hume, Eine Untersuchung über den menschlichen Verstand. Übers. und hrsg. von Herbert Herring. Stuttgart 1982, S. 148, Anmerkung.
4 Hume, a. a. O., S. 151.
5 Hume, a. a. O., S. 151.
6 Hume, a. a. O., S. 151.

VIII. Staunen als Kinderfrage
Sinn der Existenz bei Jaspers und Bloch

1 Jostein Gaarder, Sofies Welt. Roman über die Geschichte der Philosophie. München 1993, S. 23f.
2 Wilhelm Kamlah/Paul Lorenzen (Hrsg.), Logische Propädeutik oder Vorschule des vernünftigen Redens. Mannheim 1967, S. 46.
3 Hugo von Hofmannsthal, Ein Brief. In: ders., Der Brief des Lorf Chandos. Schriften zur Literatur, Kunst und Geschichte. Stuttgart 2000, S. 52–57.
4 Karl Jaspers, Einführung in die Philosophie. München 1953, S. 11f.
5 Jaspers, a. a. O., S. 12.
6 Jaspers, a. a. O., S. 18ff.
7 Jaspers, a. a. O., S. 25.
8 Jaspers, a. a. O., S. 26.
9 Ernst Bloch, Tübinger Einleitung in die Philosophie I. Frankfurt/M. 1963, S. 19.
10 Bloch, a. a. O., S. 14.
11 Bloch, a. a. O., S. 14f.
12 Bloch, a. a. O., S. 8.
13 Bloch, a. a. O., S. 15.
14 Bloch, a. a. O., S. 15.

15 Bloch, a. a. O., S. 16 f.
16 Bloch, a. a. O., S. 19.

IX. Staunen als Faszination des Ekels
Nichtige Existenz bei Sartre

1 Hans Jonas, Das Prinzip Verantwortung. Versuch einer Ethik für die technologische Zivilisation. Frankfurt/M. 1979, S. 17.
2 Jonas, a. a. O., S. 18.
3 Rudolf Otto, Das Heilige. Über das Irrationale in der Idee Gottes und sein Verhältnis zum Rationalen. München 1997 (zuerst 1917), S. 54.
4 Otto, a. a. O., 32 f.
5 Søren Kierkegaard, Der Begriff Angst. Stuttgart 1992, S. 72.
6 Jaspers, a. a. O., S. 24 (siehe Anm. 4, Kapitel III).
7 Martin Heidegger, Sein und Zeit. Tübingen 1963 (zuerst 1927), S. 12.
8 Heidegger, a. a. O., S. 172.
9 Heidegger, a. a. O., S. 172.
10 Heidegger, a. a. O., S. 172.
11 Heidegger, a. a. O., S. 168 f.
12 Heidegger, a. a. O., S. 173.
13 Heidegger a. a. O., S. 175, S. 178.
14 Martin Heidegger, Was ist das – die Philosophie? Pfullingen 1963, S. 38.
15 Vgl. Theodor W. Adorno, Jargon der Eigentlichkeit. Zur deutschen Ideologie. Frankfurt/M. 1964.
16 Jean-Paul Sartre, Der Ekel. Reinbek bei Hamburg 2002 (zuerst 1982, franz. 1938), S. 9.
17 Sartre, a. a. O., S. 9 f.
18 Sartre, a. a. O., S. 10.
19 Sartre, a. a. O., S. 10, S. 11.
20 Sartre, a. a. O., S. 16.
21 Sartre, a. a. O., S. 18.
22 Sartre, a. a. O., S. 20.
23 Sartre, a. a. O., S. 27.
24 Sartre, a. a. O., S. 139.
25 Sartre, a. a. O., S. 119.

26 Sartre, a. a. O., S. 119.
27 Stefan Matuschek, a. a. O. (Anm. 12, Kap. I), S. 200.
28 Sartre, a. a. O., S. 145, S. 149, S. 149.

X. Ethik des Staunens
Lebenskunst zwischen Verantwortung und Gelassenheit

1 Max Born, Die Zerstörung der Ethik durch die Naturwissenschaft. Überlegungen eines Physikers (zuerst 1968). In: Helmut Kreuzer (Hrsg.), Die zwei Kulturen. Literarische und naturwissenschaftliche Intelligenz. C. P. Snows These in der Diskussion. Stuttgart 1987, S. 254 f.

2 Carl Friedrich von Weizsäcker, mündliche Äußerung in einem Fernsehinterview zu seinem 90. Geburtstag am 28. Juni 2002.

3 Carl Friedrich von Weizsäcker, Wohin gehen wir? München 1997, S. 24.

4 Carl Friedrich von Weizsäcker, Die Verantwortung der Wissenschaft im Atomzeitalter. Göttingen 1957; vgl. ders., Der bedrohte Friede. Politische Aufsätze 1945–1981. München 1983.

5 John Dewey, Pragmatismus und Pädagogik (amerikan. 1910). In: Ekkehard Martens (Hrsg.), Pragmatismus. Ausgewählte Texte von Ch. S. Peirce, W. James, F. C. S. Schiller und J. Dewey. Stuttgart 2002 (zuerst 1975), S. 209.

6 Siehe David Malin, Himmel & Erde. Verborgene Welten. Berlin 2002.

7 Albert Schweitzer, Die Ethik der Ehrfurcht vor dem Leben (zuerst 1923). In: ders., Ausgewählte Werke in fünf Bänden. Bd. 2. Berlin 1971, S. 378 f.

8 Zitiert nach einer in der *taz-hamburg* vom 19.9.2001 abgedruckten, möglicherweise fehlerhaften Transkription von Stockhausens mündlichen Äußerungen.

9 Vgl. Ekkehard Martens, Die Sache des Sokrates. Stuttgart 1992.